Nina Potapova

Fifty Lessons in Russian

Fredonia Books
Amsterdam, The Netherlands

Fifty Lessons in Russian

by
Nina Potapova

ISBN: 1-4101-0100-2

Copyright © 2002 by Fredonia Books

Reprinted from the original edition

Fredonia Books
Amsterdam, The Netherlands
http://www.fredoniabooks.com

All rights reserved, including the right to reproduce
this book, or portions thereof, in any form.

FOREWORD

Fifty Lessons in Russian is a short course aiming at teaching the student the fundamentals of Russian phonetics, grammar and vocabulary. On completing the course the student will be able to read and understand simple Russian texts, write and speak on everyday subjects.

Phonetics is mainly introduced in the first 13 lessons in which most Russian sounds are explained via a comparison with their English counterparts, and pronunciation, reading and spelling rules are dealt with. In the same lessons only the most elementary grammar is given.

In the following lessons further grammar needed for spoken Russian is introduced in texts based on carefully selected vocabulary. The texts reflect the various aspects of Soviet life and culture.

The vocabulary chosen for the course contains approximately 1,000 words used in colloquial Russian and therefore indispensable to any student of Russian and to tourists who wish to visit the Soviet Union.

In each lesson there are exercises designed to provide practice in the vocabulary and grammar introduced in the lesson concerned. Most exercises can be checked with the Key supplied at the end of the course.

One of the main features of the course is its conciseness. *Fifty Lessons in Russian* is intended for entire beginners, adults or schoolchildren.

The Key to the Exercises gives the student the opportunity to correct his own mistakes, which is a great help in studying a language, and permits the course to be studied without a teacher.

Nina Potapova

ОГЛАВЛЕНИЕ. CONTENTS

page

The Russian Alphabet 13

Урок первый. Lesson One

Sounds and Letters 17
    1. The Vowels а, о, у, э. 2. The Consonants м, в, с; д, т, н.

Grammar 18
    1. Absence of Articles in Russian. 2. Omission of the Verb corresponding to 'to be' in the Present Tense. 3. Interrogative Sentences.

Sentences 19

Урок второй. Lesson Two

Sounds and Letters 20
    1. The Vowel и. 2. The Consonants р, з, б, п, ф. 3. Syllables and Stress

Sentences 21

Урок третий. Lesson Three

Sounds and Letters 23
    1. The Consonants г, к, х. 2. Voiced and Voiceless Consonants.

Sentences 24

Урок четвёртый. Lesson Four

Sounds and Letters 25
    Unstressed о.

Grammar 26
    1. Gender of Russian Nouns. 2. Personal Pronouns of the 3rd Person Singular. 3. The Demonstrative Particle это.

Sentences 27

Урок пятый. Lesson Five

Sounds and Letters 28
    1. The Consonant й. 2. й ✢ Vowel: Letters я, е, ё, ю.

	page
Grammar	29

   1. The Possessive Pronouns мой, твой. 2. The Verb Endings -у, -ю and -ёт in the Present Tense. 3. The Gender of Nouns ending in -й.

Sentences 30

Урок шестой. Lesson Six

Sounds and Letters 31
   1. The Consonant hard л. 2. The Consonant soft л. 3. The Letter ь (the soft sign).

Sentences 33

Урок седьмой. Lesson Seven

Sounds and Letters 34
   Soft Consonants.

Grammar 36
   1. 3rd Person Singular of the Present Tense with the Ending -ит. 2. Dash instead of a Link-verb.

Sentences 36

Урок восьмой. Lesson Eight

Sounds and Letters 37
   Unstressed е and я.

Grammar 38
   1. Gender of Nouns (Continued): Nouns ending in -ь, -я, -е. 2. 3rd Person Singular of the Present Tense with the Ending -ет. 3. The Negative Particle не

Sentences 39

Урок девятый. Lesson Nine

Sounds and Letters 40
   1. The Vowel ы. 2. The Consonant ц and how Vowels are represented after it.

Sentences 42

Урок десятый. Lesson Ten

Sounds and Letters 43
   The Consonants ж, ш and how Vowels are represented after them.

Grammar 44
   The Possessive Pronouns наш, ваш.

Sentences 45

Урок одиннадцатый. Lesson Eleven

Sounds and Letters 46
   The Consonants ч and щ.

Grammar 47

	page
The Gender of Nouns ending in -ж, -ч, -ш, -щ and -жь, -чь, -шь, -щь.	
Sentences	47

Урок двенадцатый. Lesson Twelve

Sounds and Letters 48
    1. The Letters ь and ъ as Separation Marks. 2. Voiced and Voiceless Consonants (Summary). 3. Devoicing of Consonants.
Sentences 50

Урок тринадцатый. Lesson Thirteen

    1. The Russian Alphabet (Summary). 2. Vowels (Summary). 3. Consonants (Summary). 4. Orthography (Summary) 51
Sentences 52

Урок четырнадцатый. Lesson Fourteen

Грамматика. Grammar 53
    1. The Interrogative Pronouns кто? что? 2. Uses of the Negative Particles нет and не. 3. The Conjunctions но and а.
Тексты. Texts: I. Кто э́то? 55
              II. Что э́то? 56

Урок пятнадцатый. Lesson Fifteen

Грамматика. Grammar 57
    1. The Stem and the Ending of a Word. 2. Gender of Nouns (Summary). 3. Russian Surnames ending in -ов and -ин. 4. Word Order in Russian.
Текст. Text: Ле́то 59

Урок шестнадцатый. Lesson Sixteen

Грамматика. Grammar 61
    1. The Plural of Nouns. 2. The Plural of Russian Surnames ending in -ов and -ин.
Текст. Text: Самолёт лети́т на Се́вер 62

Урок семнадцатый. Lesson Seventeen

Грамматика. Grammar 64
    1. Personal Pronouns (Summary). 2. The Infinitive of the Verb. 3. The Present Tense of the Verb: 1st Conjugation.
Текст. Text: До́ма 66

Урок восемнадцатый. Lesson Eighteen

Грамматика. Grammar 68
    1. The Present Tense of the Verb: 2nd Conjugation. 2. Adverbs ending in -о and -ски.
Текст. Text: Разгово́р 70

Урок девятнадцатый. Lesson Nineteen

Грамматика. Grammar ... 72
1. Verbs with Two Stems. 2. Changes in the Stem of a Verb in Conjugation. 3. The Imperative Mood
Текст. Text: У мо́ря ... 73

Урок двадцатый. Lesson Twenty

Грамматика. Grammar ... 75
1. Possessive Pronouns of the 1st and 2nd Person (Summary). 2. Possessive Pronouns of the 3rd Person. 3. The Interrogative Pronoun чей.
Текст. Text: Фотогра́фии ... 77

Урок двадцать первый. Lesson Twenty-One

Грамматика. Grammar ... 79
1. Adjectives of the type молодо́й, но́вый. 2. The Interrogative Pronoun како́й?
Текст. Text: Поку́пки ... 81

Урок двадцать второй. Lesson Twenty-Two

Грамматика. Grammar ... 83
1. Adjectives of the type си́ний. 2. Adjectives of the type большо́й, хоро́ший, широ́кий. 3. Verbs ending in -ава́ть.
Текст. Text: Утро ... 85

Урок двадцать третий. Lesson Twenty-Three

Грамматика. Grammar ... 86
1. Adjectives and Adverbs. 2. The Comparative Degree of Adjectives and Adverbs. 3. The Conjunction чем in Comparisons
Текст. Text: На́ши успе́хи ... 88

Урок двадцать четвёртый. Lesson Twenty-Four

Грамматика. Grammar ... 90
1. The Superlative Degree of Adjectives formed with the Pronoun са́мый. 2. The Demonstrative Pronouns э́тот and тот.
Текст. Text: Мои́ кни́ги ... 91

Урок двадцать пятый. Lesson Twenty-Five

Грамматика. Grammar ... 93
1. The Present Tense of the Verb быть. 2. The Phrase у меня́ есть, etc. 3. The Conjugation of the Verb жить.
Текст. Text: У нас больша́я семья́ ... 95

Урок двадцать шестой. Lesson Twenty-Six

Грамматика. Grammar 97
   1. Short Forms of Adjectives. 2. The Phrase у меня болит, etc.
Текст. Text: Письмо 99

Урок двадцать седьмой. Lesson Twenty-Seven

Грамматика. Grammar 101
   1. The Verbs мочь and хотеть. 2. The Modal Word должен. 3. The Modal Words можно, нужно, нельзя, etc. 4. Impersonal Sentences with можно, нужно, нельзя, хорошо, etc.
Текст. Text: Едем на футбол 104

Урок двадцать восьмой. Lesson Twenty-Eight

Грамматика. Grammar 105
   1. Verbs in the Past Tense. 2. The Link-verb быть in the Past. 3. The Phrase у меня был, etc.
Текст. Text: Это было давно 107

Урок двадцать девятый. Lesson Twenty-Nine

Грамматика. Grammar 109
   1. The Past Tense of the Verb мочь. 2. The Link-verb быть in the Past Tense with the Word должен. 3. The Link-verb было with the Words можно, нужно, нельзя, хорошо, etc.
Текст. Text: Прогулка 110

Урок тридцатый. Lesson Thirty

Грамматика. Grammar 112
   1. The Verb быть in the Future and in the Imperative Mood. 2. The Phrase у меня будет. 3. The Compound Future Tense of the Verb. 4. The Verb быть in the Future as a Link-verb.
Текст. Text: Письмо 114

Урок тридцать первый. Lesson Thirty-One

Грамматика. Grammar 117
   1. Conjugation of the Verb (Summary). 2. The Structure of a Word.
Текст. Text: Море 118

Урок тридцать второй. Lesson Thirty-Two

Грамматика. Grammar 120
   Aspects of the Verb.
Текст. Text: Чарли — хороший ученик 123

Урок тридцать третий. Lesson Thirty-Three

Грамматика. Grammar 125
    Aspects of the Verb (Continued): Corresponding Imperfective and Perfective Verbs.
Текст. Text: Пойдём в кино! 126

Урок тридцать четвёртый. Lesson Thirty-Four

Грамматика. Grammar 127
    1. General Remarks on Declension. 2. The First Declension of Nouns (Hard Declension) in the Singular. 3. The Prepositions с and о.
Тексты. Texts: I. Профéссор и студéнт 129
                II. Гóрод Комсомóльск 129

Урок тридцать пятый. Lesson Thirty-Five

Грамматика. Grammar 131
    1. First Declension of Nouns (Hard Declension) in the Plural. 2. The Prepositions к, по and у. 3. Peculiarities in the Conjugation of the Verbs давáть and дать.
Тексты. Texts: I. Совéтские студéнты 132
                II. Нóвые городá и сёла в СССР 133

Урок тридцать шестой. Lesson Thirty-Six

Грамматика. Grammar 135
    First Declension of Nouns (Continued). Soft and Mixed Declensions.
Тексты. Texts: I. Москóвский Кремль 137
                II. Инострáнные гóсти 138

Урок тридцать седьмой. Lesson Thirty-Seven

Грамматика. Grammar 139
    1. Second Declension of Nouns: Hard Declension in the Singular. 2. Instrumental Case denoting the Instrument. 3. The Prepositions в and на. 4. The Verbs ходить and идти.
Тексты. Texts: I. Шкóла в селé 142
                II. Разговóр шкóльниц 142

Урок тридцать восьмой. Lesson Thirty-Eight

Грамматика. Grammar 144
    1. 2nd Declension of Nouns (Continued): Hard Declension in the Plural. 2. Common Gender Nouns. 3. The Prepositions среди and за.
Текст. Text: Совéтские жéнщины 146

Урок тридцать девятый. Lesson Thirty-Nine

Грамматика. Grammar 147

1. Names of the Days of the Week; their Uses with the Prepositions в, по, к. 2. The Preposition после.

Текст. Text: Разговор подруг 148

Урок сороковой. Lesson Forty

Грамматика. Grammar 151

1. 2nd Declension of Nouns (Continued): Soft Declension in the Singular and in the Plural. 2. The Preposition через.

Текст. Text: Инженер Лукин работал в пустыне 152

Урок сорок первый. Lesson Forty-One

Грамматика. Grammar 153

1. 3rd Declension of Nouns. 2. The Prepositions у, вокруг, посреди (от посредине).

Текст. Text: Дом-музей Ленина 155

Урок сорок второй. Lesson Forty-Two

Грамматика. Grammar 158

The Genitive Case with the Prepositions для, до, из, мимо, около, от, с.

Текст. Text: Волга 159

Урок сорок третий. Lesson Forty-Three

Грамматика. Grammar 162

1. The Preposition против. 2. A Noun in the Genitive Case after another Noun without a Preposition.

Текст. Text: Разговор о театре 163

Урок сорок четвёртый. Lesson Forty-Four

Грамматика. Grammar 165

1. Negative Phrases with нет, не было, не будет. 2. The Phrase у меня нет, etc. 3. The Negative Conjunction ни..., ни. 4. The Preposition без.

Текст. Text: Прежде и теперь 167

Урок сорок пятый. Lesson Forty-Five

Грамматика. Grammar 169

1. The Genitive Case with Words expressing Measure or Indefinite Quantity (много, мало, сколько, несколько, etc.). 2. The

                                                                                   page

Genitive Case expressing Part of the Whole denoted by a Noun (Partitive Genitive). 3. The Verbs **есть** and **съесть**, **пить** and **выпить**.
Текст. Text: Ужин в лесу 171

Урок сорок шестой. Lesson Forty-Six

Грамматика. Grammar 175
    1. Cardinal Numerals from 1 to 30. 2. Cardinal Numerals with Nouns.
Текст. Text: У телевизора 177

Урок сорок седьмой. Lesson Forty-Seven

Грамматика. Grammar 178
    1. Verbs with the Particle **-ся, -сь** (Reflexive Verbs). 2. Cardinal Numerals from 40 to 100.
Текст. Text: Галя в доме отдыха 181

Урок сорок восьмой. Lesson Forty-Eight

Грамматика. Grammar 185
    1. Cardinal Numerals from 200 to 1,000. 2. The Prepositions **за, под, над** with the Instrumental and the Accusative Case. 3. The Prepositions **между** and **перед** with the Instrumental Case.
Текст. Text: Самолёты летают далеко и быстро 186

Урок сорок девятый. Lesson Forty-Nine

Грамматика. Grammar 189
    1. Aspects of the Verbs with the Particle **-ся, -сь**. 2. Ordinal Numerals from 1st to 10th.
Текст. Text: Первые советские космические ракеты 191

Урок пятидесятый. Lesson Fifty

Грамматика. Grammar 193
    1. Ordinal Numerals (Continued). 2. Denoting Dates: Year, Month, Day. 3. Cases governed by Prepositions (Summary)
Тексты. Texts: I. Наш календарь 195
                II. Стихи о месяцах 196

Ключ к упражнениям 200
Key to Exercises
Русско-английский словарь . . . .
Russian-English Vocabulary   214

THE RUSSIAN ALPHABET

Letter Printed	Letter Written	Pronounced approximately as in the English	Name of letter
А а	*Аа*	a in 'after'	а (as pronounced)
Б б	*Бб*	b in 'book'	бэ (beh)
В в	*Вв*	v in 'vote'	вэ (veh)
Г г	*Гг*	g in 'good'	гэ (geh)
Д д	*Дд*	d in 'day'	дэ (deh)
Е е	*Ее*	ye in 'yes'	е (as pronounced)
Ё ё	*Ёё*	yo in 'yonder'	ё (as pronounced)
Ж ж	*Жж*	s in 'pleasure'	жэ (zheh)
З з	*Зз*	z, s in 'zone', 'please'	зэ (zeh)
И и	*Ии*	ee in 'meet'	и (as pronounced)
Й й	*Йй*	y in 'boy'	и кра́ткое (ee short)
К к	*Кк*	k	ка (kah)
Л л	*Лл*	l in 'full', 'gold' (cf. Lesson 6)	эл, эль (el)
М м	*Мм*	m	эм (em)
Н н	*Нн*	n	эн (en)
О о	*Оо*	o in 'pot'	о (as pronounced)

Letter		Pronounced approximately as in the English	Name of letter
Printed	Written		
П п	*Пп*	p	пэ (peh)
Р р	*Рр*	r (cf. Lesson 2)	эр (err)
С с	*Сс*	s in 'sister'	эс (ess)
Т т	*Тт*	t in 'it' (cf. Lesson 1)	тэ (teh)
У у	*Уу*	oo (cf. Lesson 1)	у (as pronounced)
Ф ф	*Фф*	f	эф (ef)
Х х	*Хх*	(cf. Lesson 3)	ха (khah)
Ц ц	*Цц*	tz in 'quartz'	цэ (tseh)
Ч ч	*Чч*	ch	че (cheh)
Ш ш	*Шш*	sh	ша (shah)
Щ щ	*Щщ*	shch (cf. Lesson 11)	ща (shchah)
Ъ ъ	*ъ ъ*	(cf. Lesson 12)	«твёрдый знак» ('hard sign')
Ы ы	*ы*	(cf. Lesson 9)	ы (as pronounced)
Ь ь	*ь ь*	(cf. Lesson 6, 7, 12)	«мягкий знак» ('soft sign')
Э э	*Ээ*	e in 'men'	э (as pronounced)
Ю ю	*Юю*	u in 'university'	ю (as pronounced)
Я я	*Яя*	ya in 'yard'	я (as pronounced)

The Russian alphabet has 33 letters. Some of them represent sounds similar to those of the corresponding English letters, others represent different sounds and others again have no corresponding letters in English.

The names of the letters and their order in the alphabet are different in Russian and in English.

The letters ы, ъ, ь never begin a word.

The letter й is used to begin only a few words of foreign origin, such as Йорк (York).

Capital letters are used at the beginning of a sentence and for proper names. The use of capital letters in headlines differs somewhat in the two languages.

УРОК ПЕРВЫЙ
LESSON ONE

> The Vowels а, о, у, э
> The Consonants м, в, с; д, т, н
> Absence of Articles in Russian
> Omission of the Verb corresponding to 'to be' in the Present Tense
> Interrogative Sentences

SOUNDS AND LETTERS

1. The Vowels *а, о, у, э* —

а is pronounced approximately as 'a' in 'after', 'father';
о is pronounced approximately as 'o' in 'pot', 'lot' (but with lips rounded and protruded);
у is pronounced as 'oo' but not so short as in 'book', though not so long as in 'school' and with closely rounded and protruded lips;
э as 'e' in 'men'.

The names of the letters **А а, О о, У у, Э э** coincide with their pronunciation.

2. The Consonants *м, в, с; д, т, н* —

м is pronounced like the English 'm';
в is pronounced approximately as the English 'v';
с is pronounced as 's' in 'post'.
The consonants:
д ⎫ resemble the English sounds
т ⎬ 'd', 't' and 'n'; but in pro-
н ⎭ nouncing the English sounds
the tongue is pressed against the

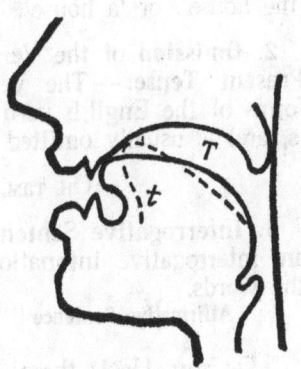

alveoli (above the upper teeth), while in pronouncing the Russian д, т, н it is pressed against the upper teeth and its tip is bent downward.

The names of these consonants are: **М м** — эм (em), **В в** — вэ (veh), **С с** — эс (ess), **Д д** — дэ (deh), **Т т** — тэ (teh), **Н н** — эн (en).

Read:

да	yes	вот	here is, here are
дом	house	там	there
мост	bridge	тут	here
он	he, it		

Да. Дом. Мост. Он. Вот. Там. Тут.

NOTE

Вот is used when pointing so something and means 'here is', 'here are':

Вот дом.	*Here is* a house.
Вот мост.	*Here is* a bridge.

Тут corresponds to the English 'here'.
Там corresponds to the English 'there'.

Compare:

Он тут.	He is *here*.
Мост там.	The bridge is *there*.

GRAMMAR

1. Absence of Articles in Russian. — There are no articles in Russian. The word дом, for instance, may mean 'house', 'the house', or 'a house'.

2. Omission of the Verb corresponding to *to be* in the Present Tense. — The verb which would correspond to all forms of the English verb 'to be' in the Present Tense (am, is, are) is usually omitted in Russian:

Он там.   He *is* there.

3. Interrogative Sentences can be formed simply by using an interrogative intonation, without changing the order of the words.

Affirmative Sentence   Interrogative Sentence

Он там. He is there.   Он там? Is he there?

SENTENCES

Вот дом. Дом тут?	Here is a house. Is the house here?
Да, дом тут. Да, он тут.	Yes, the house is here. Yes, it is here.
Вот мост. Мост там?	Here is a bridge. Is the bridge there?
Да, мост там. Да, он там.	Yes, the bridge is there. Yes, it is there.

Write:

Аа, Оо, Уу, Ээ

Мм, Вв, Сс, Дд, Тт, Нн

Вот дом. Мост там.

EXERCISES

1. Copy several times the letters and sentences given above in handwriting.

2. Translate into English:
   Мост там? Да, он там.

3. Translate into Russian:
   Here is a house. It is here.

УРОК ВТОРОЙ
LESSON TWO

> The Vowel и
> The Consonants р, з, б, п, ф
> Syllables and Stress

SOUNDS AND LETTERS

1. **The Vowel** *и*. — The Russian **и** is a sound resembling the sound 'ee' in the English 'meet' but in articulating it the tongue is brought nearer to the palate. It is not so short as the English 'i' in 'it' and not so long as 'ea' in 'eat'.

The name of the letter **и** coincides with its pronunciation.

2. **The Consonants** *р, з, б, п, ф* are pronounced as follows:

р resembles the rolled 'r' heard in Northern England and Scotland, but there is no corresponding sound in standard English. The Russian р is produced by the tip of the tongue vibrating against the front part of the palate.

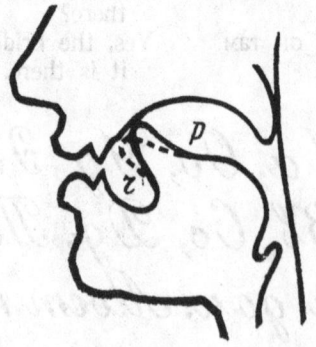

з is pronounced as 'z' in 'zone';
б like the English 'b';
п like the English 'p';
ф like the English 'f'.

The names of the above mentioned letters are: Р р — эр (err), З з — зэ (zeh), Б б — бэ (beh), П п — пэ (peh), Ф ф — эф (ef).

Read:

и	and	брат	brother
рот	mouth	порт	port
двор	courtyard	спорт	sport
за	for	фунт	pound
зонт	umbrella		

И. Рот. Двор. За. Зонт. Брат. Порт. Спорт. Фунт.

3. Syllables and Stress. — Russian words have as many syllables as they have vowels. If a word consists of more than one syllable, one of the syllables bears the stress and is called *stressed;* the other syllables are called *unstressed.*

The stress in a word may be on the first syllable (ро́за 'rose'), on the last syllable (трава́ 'grass') or on the syllable in the middle of a word (рабо́та 'work'). Unstressed vowels are pronounced less distinctly than stressed ones.

In this book and in most books for foreigners studying Russian stressed syllables are indicated by the sign ['] over the corresponding vowel, except where this happens to be a capital letter.

Read:

и́ва	willow	трава́	grass
фра́за	sentence, phrase	страна́	country
па́рта	school-desk	ва́за	vase
фо́рма	form	ро́за	rose
забо́р	fence	рабо́та	work

И́ва. Фра́за. Па́рта. Фо́рма. Забо́р. Трава́. Страна́. Ва́за. Ро́за. Рабо́та.

SENTENCES

| Вот дом и двор. | Here is a house and a courtyard. |

Вот дом, двор и забо́р.	Here is a house, a courtyard and a fence.
Вот двор. Тут трава́. Там и́ва.	Here is a courtyard. Here is grass. The willow is there.
Порт там? Да, он там.	Is the port there? Yes, it is there.
Мост тут? Да, он тут.	Is the bridge here? Yes, it is here.
Вот стол. Ва́за и ро́за там.	Here is a table. The vase and the rose are there.

Write:

Ии, Рр, Бб, Пп, Зз, Фф
Страна. Брат. Порт.
Фраза. Работа и спорт.

EXERCISES

1. Copy several times the letters and words given above in handwriting.
2. Name the letters:

 д, т, н; м, б, п; в, ф; з, с; р

3. Give the English for the following:

 Страна́. Брат. Па́рта. Фо́рма. Рабо́та. Спорт. Вот ва́за. Там ро́за.

4. Translate into Russian:

1. Here is a house and a courtyard. 2. "Is the port there?" "Yes, it is there."

УРОК ТРЕТИЙ
LESSON THREE

> The Consonants г, к, х
> Voiced and Voiceless Consonants

SOUNDS AND LETTERS

1. **The Consonants** *г, к, х* are pronounced:

г as 'g' in 'good';
к as 'k' in 'kind', 'look';
х as the Scottish 'ch' in 'loch'.
There is no similar sound in English.

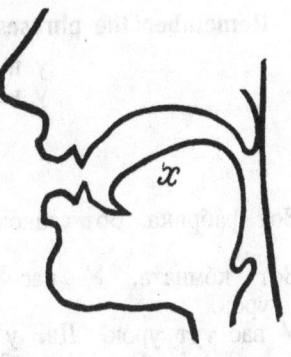

х is formed as к by raising the very back part of the tongue towards the palate, but not touching it; as a result the passage of the air is not stopped, but only narrowed; к is an instantaneous sound while х may be prolonged.

The names of the above letters are: Гг — гэ (geh), Кк — ка (kah), Хх — ха (khah).

Read:

группа	group	как	how; what
вагон	wagon, carriage	карта	map
бумага	paper	фабрика	factory, mill
буква	letter	рука	hand, arm
куст	bush, shrub	комната	room
урок	lesson	бухта	bay
станок	machine tool	сахар	sugar
		хор	choir, chorus

Группа. Вагон. Бумага. Буква. Куст. Урок. Станок. Как. Карта. Фабрика. Рука. Комната. Бухта. Сахар. Хор.

> Note. — Distinguish carefully between the stressed and unstressed syllables. If you change the position of the stress you may also change the meaning of the word. Compare:
> замок castle   замок lock

2. **Voiced and Voiceless Consonants.** — Some consonants are voiced (e. g. the English d, b). Some are voiceless (e. g. the English t, p). In Russian as in English some voiced and voiceless consonants go in pairs:

	English	Russian
voiced:	b v d z g	б в д з г
voiceless:	p f t s k	п ф т с к

23

The consonant **х** is voiceless and has no corresponding voiced sound; the voiced consonants **м, н, р** have no corresponding voiceless sounds.

Remember the phrases:

у нас	we have
у вас	you have

SENTENCES

Вот фа́брика. Вот стано́к.

Вот ко́мната. У нас тут уро́к.

У вас тут уро́к? Да, у нас тут уро́к. Вот ка́рта СССР (эс-эс-эс-э́р).

Вот бума́га. Вот бу́ква к («ка») и бу́ква х («ха»). Вот бу́ква х («ха») и бу́ква г («гэ»).

Там хор.

Here is a factory. Here is a machine tool.

Here is a room. We have a lesson here.

Have you a lesson here? Yes, we have a lesson here. Here is the map of the U.S.S.R.

Here is paper. Here are the letters "ка" and "ха". Here are the letters "ха" and "гэ".

The choir is there.

Write:

Гг, Кк, Хх

Ка́рта. Хор. Гру́ппа.

Бума́га. Са́хар. Рука́.

EXERCISES

1. Copy several times the letters and words given above in handwriting.
2. Name the letters:
   г, к, х
3. Pick out the voiced and voiceless consonants in the following words:
   бума́га, са́хар, рука́, ва́за, там.

4. Translate the following words into English:
комната, вагон, рука, куст, сахар, бухта.

5. Copy the Russian words in the previous exercise and indicate the stress.

6. Translate into Russian:

1. Here is a map of the U.S.S.R. 2. Here is a machine tool. 3. Here is a house and a courtyard. 4. The bridge is there.

УРОК ЧЕТВЁРТЫЙ
LESSON FOUR

> Unstressed o
> Gender of Russian Nouns
> Personal Pronouns of the 3rd Person Singular
> The Demonstrative Particle это

SOUNDS AND LETTERS

The unstressed *o* is pronounced like unstressed **a** or almost like it.

Read:

Unstressed o in the syllable preceding the stressed one:

она́	she	гора́	mountain
оно́	it	вода́	water
окно́	window	фонта́н	fountain
Москва́	Moscow	доска́	board, plank
нога́	foot, leg		

Она́. Оно́. Окно́. Москва́. Нога́. Гора́. Вода́. Фонта́н. Доска́.

Unstressed o at the end of a word:

э́то this, this (it) is; these are
напра́во to the right

Это. Напра́во.

25

Thus the letter **o** is often pronounced as **a** in an unstressed position. In such cases spelling and pronunciation do not coincide.

Stressed o	Unstressed o
он he	она́ she
	оно́ it

All these three words are spelt with an **o**.

GRAMMAR

1. Gender of Russian Nouns. — Russian nouns are divided into three genders: masculine, feminine and neuter. One can tell the gender of a noun by the final letter. Thus:

a) All nouns ending in a consonant are masculine:

    брат brother   дом house

b) Most nouns ending in *-a* are feminine:

    ко́мната room   страна́ country

c) Almost all nouns ending in *-o* are neuter:

    окно́ window   сло́во word

Nouns denoting things are not all neuter in Russian as in English. They may be also masculine or feminine.

To indicate the gender of a noun, the following abbreviations will be used: *m* for masculine, *f* for feminine and *n* for neuter.

2. Personal Pronouns of the 3rd Person Singular. —

    он he, it   она́ she, it   оно́ it

According to their gender, nouns may be replaced by the personal pronouns of the 3rd person: он *m*, она́ *f*, оно́ *n*.

The pronouns он and она́ may replace nouns denoting not only people and animals, but things too:

    брат 'brother', дом 'house' — он
    А́нна 'Anne', ка́рта 'map' — она́
    окно́ 'window' — оно́

3. The Demonstrative Particle *э́то*. —

Э́то дом и двор.   *These are* the house and the yard.

Это фонта́н.	*This is* a fountain.
Это вода́.	*This is* water.

As you see, this particle corresponds to the English 'this is', 'these are'.

SENTENCES

Ка́рта тут? Да, она́ тут.	Is the map here? Yes, it is here.
Это ка́рта СССР? Да, э́то ка́рта СССР.	Is this a map of the U.S.S.R.? Yes, it is a map of the U.S.S.R.
Это Москва́? Да, э́то Москва́.	Is this Moscow? Yes, it is Moscow.
Вот двор. Фонта́н там? Да, он там, напра́во.	Here is a courtyard. Is the fountain there? Yes, it is there, on the right.

EXERCISES

1. Copy the following words. Mark the stress and underline the unstressed *o* in them.

Москва. Гора. Вода. Фонтан. Комната. Доска. Нога.

2. Define the gender of the nouns listed in Exercise 1 and replace each of them by the corresponding pronoun *(он, она́* or *оно́).*

3. Translate into Russian:

1. This is a map. 2. Here is a fountain. 3. This is a room. 4. Here is a board.

УРОК ПЯТЫЙ
LESSON FIVE

> The Consonant й
> й + a Vowel: Letters я, е, ё, ю
> The Possessive Pronouns мой, твой
> The Verb Endings -у, -ю and -ёт in the Present Tense
> The Gender of Nouns ending in -й

SOUNDS AND LETTERS

1. The Consonant й. — The sound **й** resembles the English 'y' in 'boy'. The letter **й** is used mostly after vowels. Thus:

ай is pronounced approximately as 'y' in 'my';
эй is pronounced approximately as 'ay' in 'say', 'may';
ой is pronounced approximately as 'oy' in 'boy'.

The name of the letter **й** is «и краткое» (short и).

Read:

май	May	мой	my, mine
дай	give (*Imper.*)	твой	your(s) (*See*
край	territory; edge		*Grammar*)
		домо́й	home (*adv.*)

Май. Дай. Край. Мой. Твой. Домо́й.

Do not confuse the following combinations of sounds: a vowel + **й** (one syllable) and a vowel + **и** (two syllables), as the meaning of a word may depend on the correct pronunciation of them. Compare:

пай share — паи́ shares
мой my (*sing.*) — мои́ my (*pl.*)

2. й + a Vowel: Letters *я, е, ё, ю*. — Each of these letters represents a compound of two sounds. They are pronounced:

я (й + а) as 'ya' in 'yard';
е (й + э) as 'ye' in 'yes';

ё (й + о) as 'yo' in 'yonder'; ё always represents a stressed sound.
ю (й + у) as 'u' in 'university'.

The names of the letters **Я я, Е е, Ё ё, Ю ю** coincide with their pronunciation.

Read:

я I
я иду́ I go, am going
я́рко brightly

я́сно it is clear
моя́ my, mine *(f)*
твоя́ your(s); thy, thine *(f)*

Я. Я иду́. Я́рко. Я́сно. Моя́. Твоя́.

я е́ду I go, am going *(by some means of transport)*.

я ем I eat, am eating
он ест he eats, is eating

Я е́ду. Я ем. Он ест.

моё my, mine *(n)*
твоё your(s), thy, thine *(n)*

он поёт he sings, is singing
он даёт he gives, is giving

Моё. Твоё. Он поёт. Он даёт.

Ю́рий Juri (George)
я зна́ю I know

я пою́ I sing, am singing
я даю́ I give, am giving

Ю́рий. Я зна́ю. Я пою́. Я даю́.

GRAMMAR

1. The Possessive Pronouns *мой, твой*. — In the singular these pronouns have three forms: masculine, feminine and neuter. They agree in gender with the nouns they are used with.

Masculine	Feminine	Neuter
мой брат my brother твой брат your brother	моя́ ко́мната my room твоя́ ко́мната your room	моё окно́ my window твоё окно́ your window

The pronoun **твой (твоя́, твоё)** means 'thy', 'thine'. It is used when addressing relatives, close friends and children.

As in Russian there is no difference between possessive

pronouns and possessive adjectives, the possessive pronoun **мой (моя́, моё)** covers 'my' and 'mine' and **твой (твоя́, твоё)** 'your' and 'yours'.

2. The Verb Endings -*у*, -*ю* and -*ёт* in the Present Tense. — In Russian there is only one Present Tense, which corresponds to the English Present Indefinite and Present Continuous.

a) In the 1st person of the Present Tense Russian verbs have the ending **-у** or **-ю**:

> я иду́   I go, am going
> я пою́   I sing, am singing

b) In the 3rd person singular some verbs have the ending **-ёт**, which is always stressed:

> он даёт   he gives, is giving
> она́ поёт   she sings, is singing

3. The Gender of Nouns ending in -*й*. — All these nouns are masculine: май *m* (May), край *m* (territory).

SENTENCES

1. Вот мой брат Ю́рий.
2. Я иду́ домо́й.
3. Вот мой дом.
4. Напра́во моё окно́.
5. Там моя́ ко́мната.
6. Я даю́ уро́к.
7. Вот ка́рта: э́то моя́ страна́.
8. Твой брат поёт, и я пою́.
9. Я е́ду домо́й.
10. Я зна́ю э́то.

Write:

Яя, Ее, Ёё, Юю
Я даю уро́к.
Мой брат поёт.

EXERCISES

1. Copy several times the letters and sentences given above in handwriting.
2. Copy the Sentences from the lesson.
3. State the gender of the following nouns:

   бу́хта, мост, край, окно́, страна́.

4. Use the pronoun *мой* in its required form with the following words:

   дом, ка́рта, брат, па́рта, окно́.
   Example: Моя́ ко́мната.

5. Translate into Russian:

   1. He is my brother. 2. He is giving a lesson. 3. I know this. 4. I am singing. 5. My room is to the right. 6. I am going home.

УРОК ШЕСТОЙ
LESSON SIX

> The Consonant hard л
> The Consonant soft л
> The Letter ь (the soft sign)

SOUNDS AND LETTERS

1. The Consonant hard л. — The consonant hard л resembles the English 'l' in 'large', 'full', except that it is not pronounced with the edge of the tongue as in English, but with the whole front part.

The name of the letter Л л is эл or эль.

Read:

л at the end of a word

стол	table
стул	chair
зал	hall
бал	ball, dance
пол	floor

футбо́л football, football match
на футбо́л to the football match

л before a consonant

по́лка shelf
бу́лка roll

л before the vowels: а, о, у

ла́мпа	lamp	флот	fleet, navy
план	plan	луна́	moon
слон	elephant	лук	onion
сло́во	word		

Стол. Стул. Зал. Бал. Пол. Футбо́л. На футбо́л. По́лка. Бу́лка. Ла́мпа. План. Слон. Сло́во. Флот. Луна́. Лук.

Read these polysyllabic words containing hard л and unstressed о:

ма́сло	butter	потоло́к	ceiling
молоко́	milk	голова́	head
я́блоко	apple	хо́лодно	it is cold

Ма́сло. Молоко́. Я́блоко. Потоло́к. Голова́. Хо́лодно.

2. The Consonant soft л. — In Russian there is also a soft л which somewhat resembles the English 'l' in the words 'leaf' and 'lean'. But in Russian, the front part of the tongue is raised nearer to the palate than in English, thus producing what is called a "soft л".

Soft л, like the hard one, may be at the beginning, in the middle or at the end of a word.

3. The Letter ь (the soft sign). — There is a special letter in Russian to indicate that the preceding consonant must be pronounced soft. It is ь (the "soft sign" — мягкий знак).

Read:

культу́ра	culture	кора́бль	ship
альбо́м	album	бульва́р	avenue, boule-
О́льга	Olga		vard

Культу́ра. Альбо́м. О́льга. Кора́бль. Бульва́р.

The consonant л is also pronounced soft before и, е, ё, ю and я.

Read:

вдали́	in the distance	лён	flax
и́ли	or	самолёт	aeroplane
лес	forest	люк	hatchway, trapdoor
ле́то	summer	я люблю́	I love, I like
нале́во	to the left	я гуля́ю	I am walking, going for a walk

Вдали́. И́ли. Лес. Ле́то. Нале́во. Лён. Самолёт. Люк. Я люблю́. Я гуля́ю.

The meaning of a word may depend on the correct pronunciation of the hard or soft **л**. Compare:

лук onion	люк trapdoor
стол table	столь so

SENTENCES

1. Э́то зал. Тут бал.
2. Хо́лодно. Я иду́ домо́й.
3. Вот моя́ ко́мната. Вот пол. Вот потоло́к. Напра́во окно́, нале́во мой стол. Вот стул, стол и ла́мпа.
4. Я зна́ю сло́во «луна́».
5. Ле́то. Я гуля́ю. Нале́во порт. Вот кора́бль. Там самолёт. Вдали́ лес. Я люблю́ лес.
6. Я иду́ на футбо́л. Я люблю́ спорт.

Write:

Лл, Ль ль

Лето. Я гуляю.

Вдали корабль.

EXERCISES

1. **Copy several times the letters and sentences given above in handwriting.**
2. **Name the letter** л.
3. **Divide the following words into two groups:**

a) those in which л is hard.
   b) those in which л is soft.
Underline the soft л:

по́лка, люк, я гуля́ю, слон, ле́то, голова́, вдали́, я люблю́, самолёт, нале́во, лук, хо́лодно, молоко́, ма́сло, лес, культу́ра, бульва́р.

4. Compare the hard and the soft л in the words:

лук — люк, флот — самолёт.

5. Translate into Russian (indicate the stress):

1. My room is on the left. 2. The hall is on the right. 3. The choir is singing there. 4. I am walking. 5. There is a port there. 6. There is a ship there.

УРОК СЕДЬМОЙ
LESSON SEVEN

> Soft Consonants
> 3rd Person Singular of the Present Tense with the Ending -ит
> Dash instead of a Link-verb.

SOUNDS AND LETTERS

Soft Consonants. — In Lesson 1, 2 and 3 we dealt with the hard consonants: б, п; в, ф; д, т; з, с; м, н, п; г, к, х. Each of these has a corresponding soft one as was the case with л studied in the previous lesson.

The softness of a consonant is the result of the usual position of the organs of speech for the articulation of a consonant being supplemented by a movement of the tongue towards the palate, similar to its movement in articulating и or й. For instance, when pronouncing the hard м the lips are pressed together, while for the articulation of the soft мь, besides pressing the lips, you must raise the tongue towards the palate as for и.

In order to acquire the correct pronunciation of the soft consonants, first pronounce й or и several times and then, without changing the position of the tongue pronounce the consonants.

й is considered as a soft consonant.

If soft consonants occur at the end of a word or precede another consonant, their softness is indicated by the letter ь:

мать mother
огóнь fire
дéньги money

Мать. Огóнь. Дéньги.

The meaning of a word may depend on whether a consonant is hard or soft. Compare:

брат (the final т is hard) brother
брать (the final т is soft) to take

Consonants are pronounced soft before е, ё, и, ю, я.

The consonants г, к, х are soft only before е and и; they are never followed by ё, ю or я (except in a few words of foreign origin).

Read:

где?	where?	Алексéй	Alexis
студéнт	student	спасибо	thank you
студéнтка	girl student	мéсто	place
здесь	here	мел	chalk
он идёт	he goes, is going	мир	peace; world
рóдина	motherland	он говорит	he speaks, is speaking
текст	text		
картина	picture	Виктор	Victor
нет	no	он любит	he loves, likes
книга*	book	гимн	hymn
Нина	Nina	стихи	poetry, verses
я понимáю	I understand	по-рýсски	(in) Russian
газéта	newspaper	по-англи́йски	(in) English

Где. Студéнт. Студéнтка. Здесь. Он идёт. Рóдина. Текст. Картина. Нет. Книга. Нина. Я понимáю. Газéта. Алексéй. Спасибо. Мéсто. Мел. Мир. Он говорит. Виктор. Он любит. Гимн. Стихи. По-рýсски. По-англи́йски.

Как по-рýсски...? What is... in Russian?
Как по-англи́йски...? What is... in English?

---

* к before н is never mute in Russian (compare with the mute English 'k' in 'knife', 'know')

GRAMMAR

1. 3rd Person Singular of the Present Tense with the Ending -*um*. — A number of Russian verbs have the ending -ит in this form:

он говори́т — he speaks, says

2. Dash instead of a Link-verb. — If in Russian the subject and the predicate in a sentence are both expressed by nouns, a dash is often written between them (in speech they are separated by a pause):

Мой брат — студе́нт. My brother is a student.

SENTENCES

1. Ни́на говори́т: «Моя́ ро́дина — СССР. Я студе́нтка. Я говорю́ по-ру́сски и понима́ю по-англи́йски. Я зна́ю, как по-англи́йски сло́во "мир"».

2. А́нна говори́т: «Вот моя́ мать, вот мой брат Алексе́й. Мой брат — студе́нт. Он говори́т по-ру́сски и по-англи́йски. Он лю́бит спорт».

3. Здесь идёт уро́к. Моё ме́сто здесь. Вот доска́ и мел. Вот моя́ кни́га. Э́то стихи́.

EXPRESSION

идёт урок   a lesson is going on

EXERCISES

1. Copy Sentences, paragraph 3, in handwriting and underline the soft consonants.

2. Read the following words and compare the pronunciation of the hard and soft consonants:

дом — идём, мост — место, ваза — газета, вагон — гимн, окно — нет, карта — картина, Москва — спасибо, урок — по-русски, лук — люк.

3. Translate into Russian:

1. I speak Russian and I understand English. 2. Victor says: "I am a student. My motherland is the U.S.S.R." 3. I know this. 4. What is this word in Russian?

УРОК ВОСЬМОЙ
LESSON EIGHT

> Unstressed е and я
> Gender of Nouns (Continued): Nouns ending in -ь, -я, -е
> 3rd Person Singular of the Present Tense with the Ending -ет
> The Negative Particle не

SOUNDS AND LETTERS

Unstressed *e* and *я*. — In unstressed syllables е is pronounced very faintly:

Read:

земля	earth	далеко	far
стена	wall	немного	a little, not much
сестра	sister	тепло	it is warm
весна	spring; it is spring	летит	flies, is flying
река	river		

по́ле	field	он гуля́ет	he walks, he is going for a walk
мо́ре	sea		
се́вер	North	он рабо́тает	he works, is working
на се́вер	to the North		
он зна́ет	he knows		

Земля́. Стена́. Сестра́. Весна́. Река́. Далеко́. Немно́го. Тепло́. Лети́т.

По́ле. Мо́ре. Се́вер. На се́вер. Он зна́ет. Он гуля́ет. Он рабо́тает.

In unstressed syllables **я** is pronounced much less distinctly than in stressed ones:

дя́дя	uncle	Ви́тя	*diminutive of* Ви́ктор
тётя	aunt	неде́ля	week
ня́ня	nurse	сего́дня	today

Дя́дя. Тётя. Ня́ня. Ви́тя. Неде́ля. Сего́дня.

Note. — In the word **сегодня** г is pronounced like **в**.

GRAMMAR

1. Gender of Nouns (Continued): **Nouns ending in -ь, -я, -е.** — a) Nouns ending in a consonant + **ь** may be masculine or feminine:

конь	*m* horse, steed	мать	*f* mother
ого́нь	*m* fire	ра́дость	*f* joy

As these nouns may denote not only animate beings but also inanimate objects, their gender must be memorized.

b) Nouns ending in **-я** are mostly feminine:

ня́ня	*f* nurse
неде́ля	*f* week

There are a few masculine nouns ending in **-я**, but their gender is easily determined as they denote persons or are diminutives of masculine proper names:

дя́дя	*m* uncle	Ви́тя	*m diminutive of* Ви́ктор
		Воло́дя	*m diminutive of* Влади́мир

c) Almost all nouns ending in **-е** are neuter:

по́ле	*n* field
мо́ре	*n* sea

2. 3rd Person Singular of the Present Tense with the Ending -ет. — Some Russian verbs take the ending *-ит* or *-ёт* in this form, but most of them take **-ет**, which is always unstressed:

    он зна́ет he knows
    он рабо́тает he works, is working
    она́ понима́ет she understands

3. The Negative Particle *не* corresponds to the English 'not'. It is always placed before the word it refers to. In pronunciation it is usually merged with this word and is unstressed:

    Я **не** понима́ю. I don't understand.
    Это **не** ро́за. This is not a rose.

SENTENCES

1. Весна́.[1] Тепло́. Моя́ сестра́ гуля́ет. Нале́во по́ле. Там лес и река́.

2. Вот мо́ре. Идёт кора́бль. Земля́ далеко́. Вдали́ лети́т самолёт. Он лети́т на се́вер.

3. Вот фабрика. Здесь работает мой дядя. Здесь работает моя сестра.

4. Володя — студент. Он говорит по-русски и немного понимает по-английски. Как по-английски слово «неделя»? Володя это знает.

5. Сегодня холодно. Нина не гуляет.

6. Моя сестра идёт домой.

NOTE

[1] **Весна.** — 'It is spring.' Such sentences consisting of a noun with or without an attribute are frequently used in Russian. They are called nominative sentences.

EXERCISES

1. Copy the Sentences and underline the unstressed *е* and *я*.
2. Copy the following words in handwriting and indicate their gender: весна, стена, земля, поле, север, река, неделя.
3. Translate into Russian:

1. My sister is a student. 2. She understands Russian. 3. It is cold today, she is not going for a walk.

УРОК ДЕВЯТЫЙ
LESSON NINE

> The Vowel ы
> The Consonant ц and how Vowels are represented after it

SOUNDS AND LETTERS

1. The Vowel ы. — The sound ы somewhat resembles the English sound 'i' in the word 'tin', but it is pronounced farther back in the mouth cavity, the back part of the tongue being raised to the palate.

In order to learn to pronounce this sound correctly, begin by exercises in moving your tongue to the back of your mouth. At first, it may help if you put a match between your teeth, so that it makes your tongue move backward. Then, with the tongue in this position, try to pronounce и, and you will produce the sound ы.

The letter ы never occurs at the beginning of the word, it always follows a hard consonant.

It is necessary to distinguish carefully between the Russian vowels и and ы, as the substitution of one for the other may change the meaning of the word. Compare:

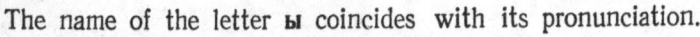

мило nicely   мыло soap

The name of the letter ы coincides with its pronunciation.

Read:

ты you *(sing.)*, thou рынок market
вы you *(pl.)* на рынок to the market
мы we рыба fish
сын son дыня musk-melon
сыр cheese тыква pumpkin
быстро fast, quickly фрукты fruit
высоко high *(adv.)*

Ты. Вы. Мы. Сын. Сыр. Быстро. Высоко. Рынок. На рынок. Рыба. Дыня. Тыква. Фрукты.

2. The Consonant ц and how Vowels are represented after it. — ц may be compared to the combinations of sounds 'ts' or 'tz' in English: lots, quartz. It is a hard and voiceless consonant.

ы and и are both pronounced like ы after ц but in the root of a word the letter и is used more frequently than ы. See the following examples:

цифра [цыфра] figure   цыган Gipsy
цирк [цырк] circus

е following ц is pronounced like э:

центр [цэнтр] centre
цех   [цэх]   shop *(at a plant)*

The name of the letter **Ц ц** is цэ (tse).

Read:

отец father
кузнец smith
певец singer *(a man)*
певица singer *(a woman)*
птица bird
столица capital *(of a country)*
улица street
по-французски (in) French
центр centre
цех shop *(at a plant)*
концерт concert
офицер officer
сцена stage *(in a theatre)*
цирк [цырк] circus, в цирк to the circus
цифра [цыфра] figure
цыган Gipsy

Отец. Кузнец. Певец. Певица. Птица. Столица. Улица. По-французски. Центр. Цех. Концерт. Офицер. Сцена. Цирк. В цирк. Цифра. Цыган.

SENTENCES

1. Сегодня тепло. Весна. Высоко летит птица.
2. Я иду быстро. Я иду на рынок. Там фрукты. Мой сын любит фрукты.
3. Вот рынок. Это дыня? Нет, это тыква. А там масло и сыр. Где рыба? Рыба здесь.

4. Налево Цветной бульвар.[1] Здесь цирк.
5. Мой брат — певец. Моя сестра — певица. Сегодня она даёт концерт.
6. Вот фабрика. Вот цех. Здесь работает мой отец. Мой отец — кузнец.

NOTE

[1] Цветно́й бульва́р — a street in the centre of Moscow.

Write:

Цц, ы

Москва — столица СССР.

EXERCISES

1. Copy several times the Russian letters and the sentence given above in handwriting.
2. Name the letter ц.
3. Copy the Sentences.
4. Translate into Russian.

1. I am a singer. 2. I am giving a concert. 3. He goes to the circus. 4. He likes the circus.

УРОК ДЕСЯТЫЙ
LESSON TEN

> The Consonants ж, ш and how Vowels
> are represented after them
> The Possessive Pronouns наш, ваш

SOUNDS AND LETTERS

The Consonants ж, ш **and how Vowels are represented after them.** — ж is a sound similar to 's' in the word 'pleasure', ш is pronounced like the English 'sh'.

Both these sounds are hard and neither can be softened in any position, even before the letters е, и. The letters э and ы hardly ever follow ж or ш; the letters е and и are used instead, but are pronounced э and ы respectively.

43

инженер [инжэнэр] engineer
жизнь [жызнь] life
шесть [шэсть] six
машина [машына] machine, engine

The name of the letter ж is жэ (zheh), the name of the letter ш is ша (shah).

Read:

гражданин	citizen *m*	инженер	engineer
гражданка	citizen *f*	тоже	also, too
пожалуйста	please	жизнь	*f* life
журнал	magazine	Жилин	*masc. surname*

Гражданин. Гражданка. Пожалуйста. Журнал. Инженер. Тоже. Жизнь. Жилин.

Note. — In the word пожалуйста й is mute.

наш our(s)
ваш your(s)
Маша Masha (*dimin. of fem. name* Мария)
я пишу I write, am writing
он пишет he writes, is writing

хорошо well, nicely, good (*adv.*)
машина machine, engine
Шилин *masc. surname*
шкаф cupboard
школа school
девушка young girl

Наш. Ваш. Маша. Я пишу. Он пишет. Хорошо. Машина. Шилин. Шкаф. Школа. Девушка.

GRAMMAR

The Possessive Pronouns *наш, ваш*. — In the singular these possessive pronouns have three forms and agree in gender with the noun they qualify. As you know from Lesson 5, there is no difference in Russian between possessive pronouns and possessive adjectives. Thus **наш (наша, наше)** covers 'our' and 'ours', **ваш (ваша, ваше)**, 'your' and 'yours'.

Masculine	Feminine	Neuter
наш брат	наша сестра	наше окно
our brother	our sister	our window
ваш брат	ваша сестра	ваше окно
your brother	your sister	your window

When used as a polite form of address in a letter or document, **ваш** is spelt with a capital **В**.

SENTENCES

1. Инженéр Жи́лин — граждани́н СССР. Моя́ сестра́ — гражда́нка СССР.
2. — Ваш сын студéнт? — Нет, он инженéр. — Мой брат тóже инженéр.
3. — Где журнáл «Культýра и жизнь?» — Вот он, пожáлуйста. — Спаси́бо.
4. Я пишý по-францýзски. Наш сын хорошó говори́т по-рýсски и понимáет по-англи́йски. Мáша хорошó говори́т и пи́шет по-францýзски.
5. Это нáша шкóла. Вот нáше окнó.

Write:

Жж, Шш
Я люблю жизнь.
Он пишет хорошо.

EXERCISES

1. Copy several times the letters and sentences given above in handwriting.
2. Name the letters ж and ш.
3. Copy in handwriting the Sentences given above.
4. State the gender of the following nouns and put the pronoun *наш* or *ваш* in the required form before them:

журнáл, маши́на, мéсто, земля́, пóле, корáбль, шкóла.

Example: наш стол *m;* нáша шкóла *f;* нáше слóво *n.*

5. Translate into Russian:

1. Our father works here. He is an engineer. He is a citizen of the U.S.S.R. 2. Masha is a citizen of the U.S.S.R.

too. She is a student. 3. Our cupboard is on the left. 4. Your table is on the right. 5. Your book is here. 6. I am writing in Russian.

УРОК ОДИННАДЦАТЫЙ
LESSON ELEVEN

> The Consonants ч and щ
> The Gender of Nouns ending in -ж, -ч, -ш, -щ and -жь, -чь, -шь, -щь

SOUNDS AND LETTERS

1. The Consonants ч and щ. — ч is similar to the English 'ch' but it is soft.

The name of the letter **Ч ч** is че (cheh).

Щ may be pronounced like a soft and prolonged ш ш 'shsh' or like the combination of sounds шч 'shch'. There is no such sound in English.

The name of the letter **Щ щ** is ща (shchah).

ч and щ are both soft consonants; they are pronounced as such not only before **е, ё** and **и**, but also before **а, о, у**. They are never followed by the letters **ю** or **я**. Both these consonants are voiceless.

The presence of the soft sign (ь) after ч, щ or ж, ш does not change their pronunciation, it has only grammatical meaning.

Read:

врач physician, doctor
дочь f daughter
чай tea
часто often
сейчас [сичас] now, at once
очень very
учебник textbook

учитель teacher
учительница teacher, schoolmistress
я читаю I read, am reading
он читает he reads, is reading
рабочий worker
чугун pig-iron

Врач. Дочь. Чай. Часто. Сейчас. Очень. Учебник. Учитель. Учительница. Я читаю. Он читает. Рабочий. Чугун.

плащ raincoat
товáрищ comrade
вещь *f* thing
ещё too, as well, more, still
щётка brush
щéпка splinter (*of wood*)

óвощи *pl.* vegetables
щи *only pl.* cabbage soup
защúта defence
Щýкин *masc. surname*
прощáй ⎱ goodbye
прощáйте ⎰

Плащ. Товáрищ. Вещь. Ещё. Щётка. Щéпка. Óвощи. Щи. Защúта. Щýкин. Прощáй. Прощáйте.

N o t e. — **Прощáй** is used when addressing a person to whom you say **ты** (see Lesson 9); **прощáйте** — when addressing several persons or a person to whom you say **вы**.

GRAMMAR

The Gender of Nouns ending in -ж, -ч, -ш, -щ and -жь, -чь, -шь, -щь — 1. Nouns ending in -ж, -ч, -ш, -щ are all masculine:

врач doctor
товáрищ comrade

N o t e. — The words **товáрищ** and **врач** although grammatically masculine, may be applied not only to men but to women too:

Áнна — мой товáрищ.   Ann is my comrade.
Моя́ сестрá — врач.   My sister is a doctor.

2. Nouns ending in -жь, -чь, -шь, -щь are all feminine.

дочь daughter   вещь thing

SENTENCES

1. Мой брат — рабóчий. Моя́ сестрá — врач. Моя́ дочь — учúтельница. Мой товáрищ — учúтель.
2. Вот наш учéбник. Вáша дочь читáет текст. Онá óчень хорошó читáет по-рýсски.
3. Наш учúтель сейчáс читáет журнáл. Я тóже сейчáс читáю журнáл. Я чáсто читáю журнáл «Культýра и жизнь».
4. Юрий Щýкин знáет, как по-англúйски слóво «щётка».
5. Я рабóчий. Вот наш цех. Здесь чугýн.
6. Наш сын лю́бит óвощи. Ещё он лю́бит фрýкты.
7. Я éду домóй. Прощáй! Прощáйте!

Write:

Чч, Щщ

Товарищ Щукин сейчас читает.

EXERCISES

1. Copy several times the letters and the sentence given above in handwriting.
2. Name the letters:

   ц, ж, ш, ч, щ.
3. Copy in handwriting the Sentences given above.
4. Translate into Russian:

1. Comrade Shchukin is reading now. 2. My daughter often reads the magazine "Culture and Life". 3. I am working now.

УРОК ДВЕНАДЦАТЫЙ
LESSON TWELVE

> The Letters ь and ъ as Separation Marks
> Voiced and Voiceless Consonants (Summary)
> Devoicing of Consonants

SOUNDS AND LETTERS

1. The Letters ь and ъ as Separation Marks. — The letter ь is used not only to indicate that the preceding consonant is soft (as, for instance, in the word мать 'mother') but also as a separation mark, i. e. to imply that between a soft consonant and a vowel there is the sound й, as in the word семья 'family'.

The letter ъ is also used as a separation mark, mainly after prefixes ending in a hard consonant before the letters я, е, ё, ю. Example: съезд 'congress'. Here the letter с is a prefix.

The letters ь and ъ never occur at the beginning of a word.

As you know, the letter ь is called мягкий знак (the soft sign); the letter ъ is called твёрдый знак (the hard sign).

Read:

семья́ family
статья́ article
Татья́на *fem. name*
Улья́новск *city in the U.S.S.R.*
пла́тье dress

бельё linen, underwear
она́ шьёт she sews, is sewing
я шью I sew, am sewing
Нью-Йо́рк New York

Семья́. Статья́. Татья́на. Улья́новск. Пла́тье. Бельё. Она́ шьёт. Я шью. Нью-Йо́рк.

съезд congress
подъе́зд entrance, doorway
подъём rise

объявле́ние advertisement, announcement

Съезд. Подъе́зд. Подъём. Объявле́ние.

2. Voiced and Voiceless Consonants (Summary). — Most of the voiced consonants have corresponding voiceless ones.

Voiced consonants: б в г — д з — ж — — л м н р й
Voiceless consonants: п ф к х т с ц ш ч щ — — — — —

As you see, the voiced consonants л, м, н, р, й have no corresponding voiceless ones, and the voiceless х, ц, ч, щ have no corresponding voiced ones.

3. Devoicing of Consonants. — At the end of a word, Russian consonants are pronounced faintly. As a result of this, the final voiced consonants: б, в, г, д, з, ж are pronounced like the corresponding voiceless ones: п, ф, к, т, с, ш; for instance:

Read:

б → п:	хлеб	bread
	клуб	club
в → ф:	Ивано́в	*masc. surname*
	Ки́ев	Kiev *(capital of the Ukrainian Soviet Socialist Republic)*
г → к:	друг	friend
	снег	snow
д → т:	сад	garden
	заво́д	works, plant

ж → ш:	нож	knife
	рожь	rye
з → с:	колхо́з	collective farm
	моро́з	frost

Хлеб. Клуб. Ивано́в. Ки́ев. Друг. Снег. Сад. Заво́д. Нож. Рожь. Колхо́з. Моро́з.

Both hard and soft consonants are devoiced at the end of a word. For instance, in the word **любо́вь** 'love', the final **вь** is pronounced like **фь** [любо́фь].

If a voiced consonant precedes a voiceless one, devoicing may occur at the beginning or in the middle of the word. For instance, in **всю́ду** 'everywhere', the letter **в** preceding the voiceless consonant **с** is pronounced like **ф** [фсю́ду]; in the word **ло́дка** 'boat', the consonant **д** preceding the voiceless **к** is pronounced like **т** [ло́тка]; in the word **ло́жка** 'spoon', **ж** preceding **к** is pronounced like **ш** [ло́шка], in the word **вход** 'entrance' **в** preceding **х** is pronounced like **ф** [фхот].

SENTENCES

1. Вот на́ша семья́: наш оте́ц, на́ша мать, мой брат Алексе́й, моя́ сестра́ Татья́на и я.
2. Сейча́с я рабо́таю: я шью бельё. Татья́на шьёт пла́тье.
3. Вот заво́д. Здесь рабо́тает наш друг Ви́ктор Ивано́в.
4. Нале́во сад, напра́во дом. Э́то наш клуб. Вот подъе́зд.
5. Вот газе́та. Здесь на́ша статья́ и на́ше объявле́ние.

Write:

ъ

Я еду на съезд.
Вот объявление.

EXERCISES

1. Copy several times the letter ъ and the two sentences in handwriting above.
2. Copy in handwriting the Sentences given above.
3. Indicate the voiced and voiceless consonants in the words:

ко́мната, ла́мпа, ро́за, о́вощи, цех, то́же, ры́ба.

4. Indicate how the final consonant is pronounced in the words:

вход, колхо́з, рожь, снег, хлеб.

5. Translate into Russian:

1. This is a magazine. 2. Here are my article and your advertisement. 3. My mother is making (*lit.:* is sewing) a dress. 4. This is our club. Here is the entrance.

6. Enumerate the members of your family in Russian.

УРОК ТРИНАДЦАТЫЙ
LESSON THIRTEEN

> The Russian Alphabet (Summary)
> Vowels (Summary)
> Consonants (Summary)
> Orthography (Summary)

1. The Russian Alphabet (Summary). — a) The Russian alphabet (with names of the letters and their pronunciation) was given on pp. 14—15.

b) There are 33 letters in the Russian alphabet: ten represent vowels, twenty-one, consonants, and two, signs: the soft sign — ь (мя́гкий знак) which is used to indicate the softening of a consonant (see Lessons 6 and 7) and as a separation mark (see Lesson 12), and the hard sign — ъ (твёрдый знак) which is used only as a separation mark (see Lesson 12).

2. Vowels (Summary). — In Russian there are six single vowel sounds: а, э, о, у, ы, и. The letters я, е, ё, ю denote combinations of sounds: я = й + а, е = й + э, ё = й + о, ю = й + у (see Lesson 5). They are pronounced as such either at the beginning of a word or after other vowels:

   Я пою́. I sing, am singing.

After consonants the letters я, е, ё, ю and и indicate that these consonants are pronounced soft:

   не́бо sky мир peace
   нёбо palate лю́ди people

As you know (see Lesson 2), all Russian vowels are pronounced less distinctly when unstressed. This is particularly noticeable in the case of **е** and **я** and of **о**, which sound like a weak **а**:

о → а	very faint **е, я**
Москва́ Moscow	сестра́ sister
она́ she	язы́к tongue; language

3. Consonants (Summary). — There are hard and soft consonants in Russian:

a) **ж, ш, ц** are always hard;
b) **ч, щ, й** are always soft;
c) **г, к, х** become soft before **е** and **и**;
d) all other consonants may be hard or soft.

Thus:
б в д з л м н п р с т ф
бь вь дь зь ль мь нь пь рь сь ть фь

The softening of a consonant may be indicated not only by the letter **ь** but also by the letters **е, ё, и, ю, я** (see above). For voiced and voiceless consonants see Lesson 12.

4. Orthography (Summary). — 1. The letters **ж, ч, ш, щ** are not followed by the letters **ы, ю, я**.

Note. — These consonants are followed by **ю** or **я** only in a few words of foreign origin, for instance in the word **жюри́** 'jury'.

2. The letter **э** is seldom used. It occurs in all forms of the demonstrative pronoun **э́тот** 'this' and in words of foreign origin:

аэрофло́т air fleet   аэродро́м aerodrome

Note. — In these words, **а** and **э** are pronounced as two separate sounds.

SENTENCES

1. Вот стол. Здесь таре́лка и ча́шка, нож и ло́жка. Там хлеб, сыр, ма́сло и мёд. Вот ка́ша. Вот ко́фе и молоко́. Это за́втрак.

2. Сейча́с обе́д. Вот стол. Здесь таре́лка и стака́н, нож, ви́лка и ло́жка. Здесь хлеб и суп. Там мя́со и о́вощи. Вот ко́фе и чай.

3. Сейча́с у́жин. Вот стол. Здесь таре́лка, ча́шка и стака́н, нож, ви́лка и ло́жка. Там хлеб, ры́ба, о́вощи и фру́кты. Это чай и молоко́.

4. Это чай? — Нет, э́то ко́фе.

WORDS

таре́лка plate
ча́шка cup
ло́жка spoon
мёд honey
ка́ша porridge, cereal pudding
ко́фе *m* coffee
за́втрак (в → ф) breakfast, lunch
обе́д dinner
стака́н glass
ви́лка fork
суп soup
мя́со meat
у́жин supper

Count: 1 оди́н, 2 два, 3 три, 4 четы́ре, 5 пять, 6 шесть, 7 семь, 8 во́семь, 9 де́вять, 10 де́сять.

EXERCISES

1. Name all the Russian vowels.

2. Write the voiceless consonants which correspond to the voiced *б, в, д, ж, з*.

3. How is the *о* in thick type pronounced in the words:

молоко́, гора́, окно́, оно́.

4. Learn by heart the Russian alphabet: the names of the letters and their correct order (see pages 14, 15).

5. Translate into Russian:

1. Here is a table. There are a plate, a cup and a glass, a fork, a knife and a spoon here. There are also bread, butter, honey, milk and tea, vegetables and fruit here.

2. My sister likes cheese. My son likes meat.

УРОК ЧЕТЫРНАДЦАТЫЙ
LESSON FOURTEEN

> The Interrogative Pronouns кто? 'who', что? 'what'
> Uses of the Negative Particles нет and не
> The Conjunctions но and а

ГРАММАТИКА. GRAMMAR

1. **The Interrogative Pronouns.** — **Кто?** refers to persons, and also frequently to other living beings (animals, birds, etc.). It is rendered accordingly by 'who' or 'what'.

| Кто э́то? Э́то мой брат. | *Who* is this? It is my brother. |

Что? refers to inanimate objects. It is rendered in English by 'what':

| Что э́то? Э́то кни́га. | *What* is this? It is a book. |
| Что э́то? Э́то кни́га и тетра́дь. | *What* are these? These are a book and a copybook. |

2. Uses of the Negative Particles *нет* and *не*. — In Russian there are two negative particles: **нет**, which corresponds to the English 'no', the opposite of 'yes', and **не**, which corresponds to the English 'not'. The particle **нет** may refer to the whole sentence and may be used alone:

| Он говори́т по-ру́сски? — **Нет** (он не говори́т по-ру́сски). | Does he speak Russian? — *No*, he does *not*. (*No*, he does *not* speak Russian.) |

In answer to a question which contains a negative, the particle **нет** may correspond to the English 'yes':

| Он не говори́т по-ру́сски? — **Нет**, он говори́т. | He does not speak Russian, does he? — *Yes*, he does. |

The particle **не** refers to a particular word in a sentence and stands before it. The meaning of a sentence depends on where the particle **не** stands. Compare:

| Он **не говори́т** по-ру́сски. | He *does not speak Russian*. |
| Он говори́т **не по-ру́сски**. | *It is not Russian* he is speaking. |

3. The Conjunctions *но* and *a*. — a) The conjunction **но** corresponds to the English 'but':

| Я не говорю́ по-ру́сски, **но** понима́ю. | I do not speak Russian *but* I understand (it). |

b) The conjunction **a** may correspond to the English 'and' or, less frequently, to the English 'but':

Он читает, а я пишу.	He is reading *and* I am writing.
Миша понимает по-русски, а по-английски — нет.	Misha understands Russian *but* not English.

Sometimes the conjunction **а** has no equivalent in the English sentence:

Это не ручка, а карандаш.	This is not a pen, it is a pencil.

If used in conversation, at the beginning of a sentence, **а** always corresponds to 'and':

А это наша газета.	*And* this is our newspaper.

СЛОВА. WORDS

кто? who?
кто это? who is this?
что? what?
что это? what is this?

но but
а and, but
карандаш pencil
ручка pen

ТЕКСТЫ. TEXTS

1. КТО ЭТО?

— Кто это?
— Это мой товарищ Владимир.
— Он русский?
— Да, он русский.
— А Татьяна русская?
— Да, она тоже русская.
— Джон Смит — американец?
— Нет, он не американец, он англичанин.
— Кто стоит там?
— Это Инэко и Лю-синь.
— Лю-синь — японец?
— Нет, он китаец, а Инэко — японка.
— А кто сидит здесь?
— Направо — индианка Сита, а налево — китаянка Ли.
— Ли говорит по-русски?
— Да, немного.
— А индиец Радж не говорит по-русски?
— Нет, он говорит, и очень хорошо.

II. ЧТО ЭТО?

— Что это?
— Это наша газета.
— А это карандаш?
— Нет, это не карандаш, а ручка.

— Это блокнот?
— Это не блокнот, а тетрадь.
— Это не журнал?
— Нет, это журнал.

СЛОВА. WORDS

русский *m* a Russian
русская *f* a Russian woman
американец *m* an American
американка *f* an American woman
англичанин *m* an Englishman
англичанка *f* an Englishwoman
стоит stands, is standing
японец *m* a Japanese
японка *f* a Japanese woman
китаец *m* a Chinese
китаянка *f* a Chinese woman
индиец *m* an Indian
сидит is sitting
индианка *f* an Indian woman
блокнот *m* notebook
тетрадь *f* copybook

Count: 11 одиннадцать, 12 двенадцать, 13 тринадцать, 14 четырнадцать, 15 пятнадцать, 16 шестнадцать, 17 семнадцать, 18 восемнадцать, 19 девятнадцать.

УПРАЖНЕНИЯ. EXERCISES

1. Divide the nouns given below into two groups:
   a) those answering the question *кто?*
   b) those answering the question *что?*

   Example: a) Кто э́то? Студе́нт... etc.

   б) Что э́то? Кни́га ... etc.

   рабо́чий, инди́ец, по́ле, лес, студе́нтка, самолёт, брат, ма́сло, учи́тель, тетра́дь, голова́, хлеб, чай, рука́, нога́, весна́, ле́то.

2. Translate into Russian:

   1. "What are these?" "These are a table, a chair and a lamp." 2. "Is this a book?" "No, this is not a book, this is a copybook." 3. "Who is this?" "This is our teacher." 4. "Is he speaking English?" "No, he is not speaking English, he is speaking Russian."

3. Replace the words *англича́нин* and *англича́нка* by all other nouns you know denoting nationality.

   Он англича́нин, она́ англича́нка.

4. Learn the dialogues and write others modelled on them. Do the same work orally.

УРОК ПЯТНА́ДЦАТЫЙ
LESSON FIFTEEN

> The Stem and the Ending of a Word
> Gender of Nouns (Summary)
> Russian Surnames ending in -ов and -ин
> Word Order in Russian

ГРАММА́ТИКА. GRAMMAR

1. **The Stem and the Ending of a Word.** — When studying Russian grammar, it is very important to distinguish between the different parts of words, especially the stem and the ending.

Not all, but very many words have an ending, a changeable

part, which shows the relation of the word to other words in the sentence.

        Студе́нт **чита́ет**.   The student is reading.

In the word чита́ет (a verb) we have the ending **-ет**, which relates this verb to the noun.

The ending gives the word its grammatical meaning. For instance, in the verb forms **чита́ю** 'I read' and **чита́ет** 'he reads' **-ю** and **-ет** are endings. The ending **-ю** indicates that the verb is used in the 1st person singular, and the ending **-ет** — that it is used in the 3rd person singular.

The part of the word before the ending is the stem. Thus in the words **чита́ю, чита́ет**, the stem is **чита-**.

There are words which consist of the stem only, for instance **о́чень** 'very', **ча́сто** 'often'.

2. Gender of Nouns (Summary). — The gender of nouns denoting persons or animals depends on the sex of the persons or animals concerned:

    брат *m* brother   сестра́ *f* sister
    тигр *m* tiger   тигри́ца *f* tigress

In most cases, the gender of a noun can be seen from the last letter of the word. This is particularly important where names of inanimate objects are concerned.

The final vowels **-а, -я** (in feminine nouns) and **-о, -е** (in neuter nouns) are endings; we shall see further on that they change according to case and number.

Masculine	Feminine	Neuter
Ending in:	Ending in:	Ending in:
consonant стол, дом, чай consonant + ь день 'day'	-а страна́ -я земля́ consonant + ь ночь 'night'	-о окно́ -е по́ле

Some masculine nouns end in -а or -я but they always denote animate beings and thus their gender is easily discerned:

мужчи́на man   Ва́ня *diminutive of* Ива́н
дя́дя uncle   Ми́ша *diminutive of* Михаи́л

Nouns ending in a consonant + ь may be masculine or feminine; nouns ending in -жь, -чь, -шь, -щь are all feminine, for instance, ночь 'night', рожь 'rye'.

3. Russian Surnames ending in -*ов* and -*ин*. — Surnames ending in -ов or -ин in the masculine form the feminine by adding the ending -а: Ивано́в — Ивано́ва, Ники́тин — Ники́тина.

4. Word Order in Russian. — The order of words in Russian is not as strict as in English. A change in the order of words is often used for emphasis. Compare:

Комба́йн рабо́тает. } The combine is working.
Рабо́тает комба́йн.

In the second example the verb рабо́тает is emphasized.

СЛОВА. WORDS

день *m* day   тигри́ца tigress
ночь *f* night   мужчи́на man
тигр tiger   комба́йн combine

ТЕКСТ. TEXT

ЛЕТО

Утро. Со́лнце све́тит я́рко. Колхо́з «Заря́» убира́ет урожа́й. Рабо́тает комба́йн.

Учи́тель Ники́тин е́дет в колхо́з «Заря́». Автомоби́ль е́дет бы́стро. Уже́ недалеко́ река́, гидроста́нция и дере́вня. Напра́во по́ле и нале́во по́ле. Напра́во растёт рожь и пшени́ца. Нале́во растёт карто́фель, морко́вь и лук.

Маши́на[1] идёт бы́стро. Дере́вня уже́ недалеко́. Недалеко́ шко́ла, чита́льня и клуб.

ВОПРО́СЫ И ОТВЕ́ТЫ. QUESTIONS AND ANSWERS

— Сейча́с день и́ли ночь? — Сейча́с день.
— Как све́тит со́лнце? — Оно́ све́тит я́рко.

— Кто едет в колхоз «Заря»? — Учитель Никитин.
— Как едет автомобиль? — Он едет быстро.
— Что растёт направо? — Направо растёт рожь и пшеница.
— Что растёт налево? — Налево растёт картофель, морковь и лук.
— Деревня далеко? — Нет, она уже надалеко.

СЛОВА. WORDS

утро morning; *here:* it is morning (see Note on p. 40)
солнце sun
светит shines, is shining
заря dawn; *here:* the name of a kolkhoz
убирает урожай is gathering in the harvest
в колхоз to the kolkhoz
автомобиль *m* car

уже already
недалеко not far (away)
гидростанция hydroelectric power station
деревня village
растёт grows, is growing
пшеница wheat
картофель *m* potatoes
морковь *f* carrot(s)
читальня reading-room

ПРИМЕЧАНИЕ. NOTE

[1] In current language, the word **машина** is often used instead of **автомобиль**. It is said:

Автомобиль едет. } The car is driving (going).
Машина идёт.

Count: 20 двадцать, 21 двадцать один, 22 двадцать два, 23 двадцать три, 24 двадцать четыре, 25 двадцать пять, etc.

УПРАЖНЕНИЯ. EXERCISES

1. List all the nouns in the Text according to their gender as follows:

   Masculine   Feminine   Neuter
   стол   комната   окно

2. Translate the last paragraphs from the Text into English.

3. Translate into Russian:

   1. It is already night now. 2. The moon is shining brightly. 3. The car is going fast. 4. The hydroelectric power station is not far. 5. Here are the school, the club and the reading-hall.

4. a) Memorize the Questions and Answers.
   b) Give other answers of your own to the Questions.

5. Count from 26 to 29.

УРОК ШЕСТНАДЦАТЫЙ
LESSON SIXTEEN

> The Plural of Nouns
> The Plural of Russian Surnames ending
> in -ов and -ин

ГРАММАТИКА. GRAMMAR

1. The Plural of Nouns. — Endings of nouns in the plural:

Masculine	Feminine	Neuter
-ы, -и -а, -я (rare)	-ы, -и	-а, -я

1) *Masculine nouns* ending in a hard consonant (other than ж, ш and г, к, х) in the singular take the ending **-ы** in the plural:

студе́нт — студе́нты   стол — столы́

Masculine nouns ending in ж, ч, ш, щ, г, к or х take the ending **-и**:

нож — ножи́   каранда́ш — карандаши́
уро́к — уро́ки

If a masculine noun ends in **-й** in the singular, **-й** changes into **-и** in the plural:

урожа́й — урожа́и

If a masculine noun ends in a soft consonant (i. e. a consonant + **ь**) in the singular, it takes the ending **-и** in the plural (the letter **ь** is omitted):

гость guest   го́сти guests

Some masculine nouns take the ending **-а** or **-я** in the plural; these endings are always stressed, for example:

дом — дома́, го́род — города́; учи́тель — учителя́

2) *Feminine nouns* ending in -a in the singular change -a into -ы in the plural:

ко́мната — ко́мнаты

But if the final -a is preceded by ж, ч, ш, щ, г, к or х the plural is formed in -и:

ка́ша — ка́ши кни́га — кни́ги ло́жка — ло́жки

Feminine nouns ending in -я in the singular change -я into -и in the plural:

дере́вня — дере́вни чита́льня — чита́льни

Feminine nouns ending in a consonant + ь in the singular take the ending -и in the plural (the letter ь is omitted):

тетра́дь — тетра́ди ночь — но́чи

3) *Neuter nouns* ending in -o in the singular take -a in the plural:

окно́ — о́кна

The ending -e changes into -я:

по́ле — поля́

4) The stress of the word may change its place in the plural, for example: *sing.* по́ле — *pl.* поля́; *sing.* страна́ — *pl.* стра́ны.

2. The Plural of Russian Surnames ending in *-ов* and *-ин*. — These surnames take the ending -ы in the plural, both masculine and feminine:

Пётр Ивано́в; Пётр и Ма́ша Ивано́вы
Ни́на Ники́тина; Ни́на и Ма́ша Ники́тины
Брат и сестра́ Ивано́вы; брат и сестра́ Ники́тины.

ТЕКСТ. TEXT
САМОЛЁТ ЛЕТИТ НА СЕВЕР

Самолёт лети́т на се́вер. Он лети́т высоко́ и бы́стро. Внизу́ поля́ и луга́, го́ры и доли́ны, леса́ и ре́ки.

Внизу́ города́ и дере́вни, ша́хты и заво́ды.

Самолёт лети́т в Ленингра́д. Ленингра́д — го́род-геро́й[1]. Он уже́ недалеко́.

Вот Ленинград. Внизу улицы и площади, стадионы и парки, дома и заводы. Вот, наконец, аэродром.

ВОПРОСЫ И ОТВЕТЫ. QUESTIONS AND ANSWERS

— Самолёт летит на юг? — Нет, он летит на север.
— Он летит в Киев? — Нет, он летит в Ленинград.
— Ленинград далеко? — Нет, он уже недалеко.
— Самолёт летит быстро? — Да, он летит быстро.

СЛОВА. WORDS

внизу below
луг (*pl.* -á) meadow
долина valley
город (*pl.* -á) town, city
шахта pit, mine
Ленинград Leningrad
в Ленинград to Leningrad

герой hero
площадь *f* square
стадион stadium
парк park
наконец at last
юг South

ПРИМЕЧАНИЕ. NOTE

[1] Ленинград is one of the cities of the Soviet Union which were awarded the title of 'hero city' for the heroic struggle waged there by the army and their population during the Great Patriotic War (1941-1945).

Count: 30 тридцать, 40 сорок, 50 пятьдесят, 60 шестьдесят, 70 семьдесят, 80 восемьдесят, 90 девяносто, 100 сто.

УПРАЖНЕНИЯ. EXERCISES

1. Pick out from the Text all the plural nouns and write them in the singular, indicating their gender.

Example: поля — поле *n*

2. Form the plural of the following nouns:
  a) without changing the stress:

  самолёт, колхоз, школа, фабрика, комната;

  b) transferring the stress to the last syllable:

  слово, стол, слон, море, город;

  c) transferring the stress to the first syllable:

  рука, страна, земля, гора, нога, окно.

3. Translate into Russian:

   1. Here is our city. 2. Here are mills and plants. 3. There

are streets, squares, parks, stadiums, houses and schools there. 4. The river is on the left, the forest is on the right. 5. The field is not far. 6. This is the kolkhoz "Dawn".

4. a. Memorize the Text, the Questions and Answers.
   b. Compose other answers to the Questions.

5. Count from 30 to 40.

УРОК СЕМНАДЦАТЫЙ
LESSON SEVENTEEN

> Personal Pronouns (Summary)
> The Infinitive of the Verb
> The Present Tense of the Verb: 1st Conjugation

ГРАММАТИКА. GRAMMAR

1. Personal Pronouns (Summary). —

Person	Singular		Plural	
1st	я	I	мы	we
2nd	ты	thou, you	вы	you
3rd	он	he, it		
	она́	she, it	они́	they
	оно́	it		

2. The Infinitive of the Verb. — The Infinitive of most Russian verbs ends in **-ть**:

знать to know   чита́ть to read   петь to sing

In some cases the ending is **-ти**:

идти́ to go, to walk

3. The Present Tense of the Verb: 1st Conjugation. — In Russian there is only one Present Tense, which may correspond to the English Present Indefinite or Present Continuous and in some instances to the Present Perfect. Russian verbs have a particular ending for each person of the singular and the plural; according to these endings verbs are divided into two conjugations: the first and the second.

First Conjugation

Infinitive	
знать 'to know'	петь 'to sing'
Unstressed endings (*most verbs*)	Stressed endings
я зна́ю I know	я пою́ I sing
ты зна́ешь you (*sing.*) know	ты поёшь you (*sing.*) sing
он зна́ет he knows	он поёт he sings
она́ зна́ет she knows	она́ поёт she sings
оно́ зна́ет it knows	оно́ поёт it sings
мы зна́ем we know	мы поём we sing
вы зна́ете you (*pl.*) know	вы поёте you (*pl.*) sing
они́ зна́ют they know	они́ пою́т they sing

If the stem of the verb ends in ж, ч, ш or щ, it takes the ending -у and not -ю in the first person singular, and -ут and not -ют in the 3rd person plural. Some verbs also have these endings after a hard consonant:

я пишу́ I write, am writing я иду́ I am going
они́ пи́шут they write, are они́ иду́т they are going
writing

Thus, the endings of a 1st conjugation verb in the Present Tense are:

```
-ю (-у), -ешь, -ет, -ем, -ете, -ют (-ут)
-ю (-у), -ёшь, -ёт, -ём, -ёте, -ют (-ут)
```

Remember that the negative form of the verb is formed by placing the negative particle не before the verb:

Я не зна́ю. I don't know.
Он не поёт. He does not sing.

Note the following questions with the verb **де́лать** 'to do' which is conjugated in the same way as **знать**:

Что вы де́лаете? — Я чита́ю. What *are you doing?* I am reading.
Что он де́лает? — Он поёт. What *is he doing?* He is singing.

In short answers the personal pronoun may be omitted. Thus the above questions may be answered simply: **чита́ю, поёт**, etc.

СЛОВА. WORDS

знать I ((зна́||ю, -ешь) to know
чита́ть I (чита́||ю, -ешь) to read
петь I (по||ю́, -ёшь) to sing

идти́ I (ид||у́, -ёшь) to go, to walk
писа́ть I (пишу́, пи́шешь) to write
де́лать I (де́ла||ю, -ешь) to do

N o t e. — In the vocabularies to subsequent lessons we shall indicate the conjugation of the verbs with the Roman figures I and II and give in brackets the forms of the 1st and 2nd persons singular of the Present Tense. This will help you to continue the conjugation.

ТЕКСТ. TEXT

ДО́МА

1. Мой бра́тья Ми́ша и Воло́дя и сестра́ Та́ня до́ма. Что они́ сейча́с де́лают? Воло́дя и Ми́ша чита́ют, а Та́ня пи́шет. Воло́дя спра́шивает: «Та́ня, ты зна́ешь, как по-ру́сски: How are you?».

«Коне́чно, зна́ю, — отвеча́ет Та́ня, — по-ру́сски э́то: Как ты пожива́ешь? Как вы пожива́ете?».

2. Моя́ мать, мой оте́ц и я сейча́с слу́шаем ра́дио. Мы слу́шаем конце́рт. Выступа́ет певи́ца Лавро́ва. Она́ поёт хорошо́. Пото́м выступа́ет певе́ц Ники́тин. Он то́же поёт хорошо́. Прия́тно слу́шать, как они́ пою́т.

ВОПРО́СЫ И ОТВЕ́ТЫ. QUESTIONS AND ANSWERS

— Где Та́ня? — Она́ до́ма.
— Та́ня чита́ет? — Нет, она́ пи́шет.
— Что де́лает ваш брат? — Он слу́шает ра́дио.

— А что де́лаете вы? — Я чита́ю.
— Вы чита́ете по-англи́йски? — Нет, по-ру́сски.
— Вы зна́ете, как по-ру́сски How are you? — Да, зна́ю.
— Что мы де́лаем? — Мы слу́шаем ра́дио.
— Кто выступа́ет? — Выступа́ют певе́ц Ники́тин и певи́ца Лавро́ва.
— Как пою́т певе́ц Ники́тин и певи́ца Лавро́ва? — Они́ пою́т хорошо́.

СЛОВА. WORDS

до́ма at home
бра́тья (*pl. of* брат) brothers
спра́шивать I (спра́шива||ю, -ешь) to ask
как how
коне́чно of course, certainly
отвеча́ть I (отвеча́||ю, -ешь) to answer
пожива́ть[1] I to get on, te be

слу́шать I (слу́ша||ю, -ешь) to listen
ра́дио radio
выступа́ть I (выступа́||ю, -ешь) to sing (in public), to perform
пото́м then, afterwards, later on
прия́тно it is pleasant; ~ слу́шать, как они́ пою́т it is pleasant to hear them singing

ВЫРАЖЕНИЯ. EXPRESSIONS

Как ты поживаешь?   } How are you?
Как вы поживаете?   }
Спасибо, хорошо.   I am all right, thank you.

ПРИМЕЧАНИЕ. NOTE

[1] The verb поживать is used only in questions in the 2nd and 3rd person.

УПРАЖНЕНИЯ. EXERCISES

1. Pick the verbs out from the Text and indicate their person and number.

Example: знаешь — *2nd pers. sing.*

2. Make a written translation into English of the first two paragraphs of the Text.

3. Translate into Russian the questions and answers given below.

1. "What is Tanya doing?" "She is reading." 2. "Are you reading?" "Yes, we are reading." 3. "What are the students Misha and Kolya doing?" "They are writing." 4. "What are you doing?" "We are listening to the radio." 5. "Who is singing today?" "The singer Zimin and the singer Lavrova (are singing today)." 6. "Do they sing well?" "Yes, very well."

4. Pick out from the Text words having the same root as *петь, жизнь*.

5. a. Memorize the Questions and Answers.
   b. Compose other answers to the Questions.

УРОК ВОСЕМНАДЦАТЫЙ
LESSON EIGHTEEN

> The Present Tense of the Verb: 2nd Conjugation
> Adverbs ending in -о and -ски

ГРАММАТИКА. GRAMMAR

1. The Present Tense of the Verb: 2nd Conjugation. — In Lesson 17 we dealt with the Present Tense of verbs of the 1st conjugation. Now let us examine the 2nd conjugation.

Infinitive
говори́ть 'to speak'
Present Tense

я говорю́	I speak
ты говори́шь	you (*sing.*) speak
он ⎫	he ⎫
она́ ⎬ говори́т	she ⎬ speaks
оно́ ⎭	it ⎭
мы говори́м	we speak
вы говори́те	you (*pl.*) speak
они́ говоря́т	they speak

After **ж, ч, ш, щ** verbs of the 2nd conjugation end in **-у**, and not **-ю** in the first person singular and in **-ат** and not **-ят** in the 3rd person plural:

    я молчу́   I keep silent
    они́ молча́т they keep silent

Thus, the endings of verbs of the 2nd conjugation in the Present Tense are:

> **-ю (-у), -ишь, -ит, -им, -ите, -ят(-ат)**

If you compare the endings of verbs of the 2nd conjugation with those of the 1st conjugation studied in the previous lesson, you will see that one can tell which conjugation a verb belongs to by any ending of the Present Tense except that of the 1st person singular, which is the same for both conjugations.

2. Adverbs ending in -*o* and -*ски*. — In Russian there are many adverbs ending in **-o**. Most of them show how an action is done, its quality:

    хорошо́ well   пло́хо badly
    бы́стро rapidly, quickly ме́дленно slowly

Some adverbs ending in **-o** are adverbs of time:

> давно́ long ago
> до́лго for a long time
> ча́сто often

The words **мно́го** 'much', **ма́ло** 'little' and **немно́го** 'a little' are adverbs of quantity:

Она́ **мно́го** чита́ет.	She reads *much*.
Я **ма́ло** курю́.	I smoke *little*.
Он **немно́го** говори́т по-ру́сски.	He speaks Russian *a little*.

All these adverbs may come before or after the verb:

> Он **хорошо́** чита́ет. } He reads *well*.
> Он чита́ет **хорошо́**.

Adverbs ending in **-ски**, such as **по-ру́сски** and **по-англи́йски**, usually follow the verb:

> Он говори́т **по-ру́сски**. He speaks *Russian*.

They may be placed before the verb to emphasize them:

> **По-ру́сски** он говори́т хорошо́.

СЛОВА. WORDS

говори́ть II (говор‖ю́, -и́шь) to speak
молча́ть II (молч‖у́, -и́шь) to be silent
ме́дленно slowly

давно́ long ago
до́лго for a long time
мно́го much, a lot, a great deal
ма́ло little

ТЕКСТ. TEXT

РАЗГОВОР

— Как вы пожива́ете?
— Спаси́бо, хорошо́. А вы?
— И я то́же непло́хо.
— Пожа́луйста, вот папиро́сы. Я зна́ю, вы ку́рите.
— Да, немно́го курю́, спаси́бо.
— Вы давно́ изуча́ете ру́сский язы́к?
— Нет, не о́чень. Но я уже́ немно́го говорю́, чита́ю и пишу́ по-ру́сски.

— А ва́ши сёстры, Эле́н и Кэт?
— Мы изуча́ем ру́сский язы́к вме́сте.
— До́ма вы ча́сто говори́те по-ру́сски?
— Да, мы ча́сто говори́м по-ру́сски.
— Эле́н и Кэт хорошо́ говоря́т по-ру́сски?
— Да, непло́хо.
— А как они́ пожива́ют?
— Спаси́бо, о́чень хорошо́.

СЛОВА. WORDS

непло́хо not so bad(ly)
папиро́са papirosa, cigarette
кури́ть II (курю́, ку́ришь) to smoke
изуча́ть I (изуча́|ю, -ешь) to study

ва́ши your (*pl.*)
сёстры (*pl. of* сестра́) sisters
вме́сте together

УПРАЖНЕ́НИЯ. EXERCISES

1. Indicate the person, number and conjugation of the verbs in the Text.
2. Conjugate the verbs *изуча́ть* and *кури́ть* in the Present Tense (check your answer with the conjugation tables given in this and the previous lesson).
3. Translate into Russian:

   1. "Do you speak Russian?" "Yes, a little." 2. "Do you smoke?" "No, I don't." 3. "Does comrade Ivanov write English?" "Yes, comrade Ivanov writes and speaks English well."

4. Answer the following questions:

   1. Как вы пожива́ете?
   2. Что вы сейча́с де́лаете?
   3. Ваш учи́тель говори́т по-ру́сски и́ли по-англи́йски?
   4. Вы давно́ изуча́ете ру́сский язы́к?
   5. Вы ку́рите и́ли нет?

5. Add the particle *не-* to the adverbs below, translate each pair of adverbs into English.

   хорошо́, давно́, до́лго, далеко́.

   Example: пло́хо 'bad(ly)' — непло́хо 'not bad(ly)'.

6. Compose sentences with adverbs having the particle *не-*.

   Example: Он **немно́го** говори́т по-ру́сски.

7. Memorize the Text. Write another modelled on it.

УРОК ДЕВЯТНАДЦАТЫЙ
LESSON NINETEEN

> Verbs with Two Stems
> Changes in the Stem of a Verb in Conjugation
> The Imperative Mood

ГРАММАТИКА. GRAMMAR

1. **Verbs with Two Stems.** — There are verbs in Russian which have different stems in the Infinitive and in the Present Tense. You can obtain the stem of the Infinitive by dropping the final -ть or -ти: читáть — the stem is читá-, петь — the stem is пе-, рисовáть 'to draw' — the stem is рисовá-, танцевáть 'to dance' — the stem is танцевá-. The most convenient way to obtain the stem of the Present Tense is to drop the ending of the 3rd person plural: читá-ют — the stem is читá-, по-ют — the stem is по-, рисý-ют — the stem is рисý-, танцý-ют — the stem is танцý-.

As is seen from the above examples, the verb читáть has the same stem in the Infinitive and in the Present Tense; the verbs петь, рисовáть and танцевáть (like other verbs ending in -овать or -евать in the Infinitive) have different stems. These two stems must be remembered, as some verbal forms are derived from the stem of the Infinitive and others from the stem of the Present Tense.

2. **Changes in the Stem of a Verb in Conjugation.** — In the conjugation of a verb changes may occur in its stem. For instance: if the stem of a verb of the 2nd conjugation ends in б, п, м, в, ф, the consonant л is added to the stem in the 1st person singular of the Present Tense:

        любúть 'to love', 'to like' — люблю́
        шумéть 'to make a noise' — шумлю́

3. **The Imperative Mood.** —

Singular	Plural
читáй! read!	читáйте! read!
идú! go!	идúте! go!

строй! build! **стройте!** build!
говори! speak! **говорите!** speak!

The Imperative Mood in Russian, just as in English, is used to express a request, a wish or an order. It has special forms only for the 2nd person singular and plural, the same for both conjugations. They are usually derived from the stem of the Present Tense by adding **-й** after vowels and **-и** after consonants:

чита(ют) + **й — читай!** 'read!', **по**(ют) + **й — пой!** 'sing!'
ид(ут) + **и — иди!** 'go!', **рису**(ют) + **й — рисуй!** 'draw!'
танцу(ют) + **й — танцуй** 'dance!'

In the plural, the ending **-те** is added to the singular form:

читай + **те — читайте, пой** + **те — пойте, иди** + **те — идите, рисуй** + **те — рисуйте, танцуй** + **те — танцуйте.**

For the 3rd person singular and plural the corresponding forms of the Present Tense are used with the particle **пусть**, which corresponds to the English 'let':

Пусть он читает! *Let* him read!
Пусть они поют! *Let* them sing!

СЛОВА. WORDS

рисовать I (рису||ю, -ешь) to draw
шуметь II (шумлю, шумишь) to make a noise
танцевать I (танцу||ю, -ешь) to dance
строить II (стро||ю, -ишь) to build
пусть let

ТЕКСТ. TEXT

У МОРЯ

Здравствуйте[1], друзья! Здравствуйте[1], Лена! Здравствуй, Виктор!

Идите сюда[2]! Здесь[2] тень и не так жарко. И море совсем близко. Отдыхайте, друзья! Слушайте, как шумят волны.

Здесь так красиво! Виктор, где твой альбом? Смотри туда, вдали плывёт лодка, летят чайки. Рисуй море, небо и облака!

Ты, Лена, любишь петь. Не шумите, друзья, пусть Лена поёт. Пой, Лена, пой громко! Слушайте, друзья! Это так хорошо — песня и море, солнце и облака.

ВОПРОСЫ И ОТВЕТЫ. QUESTIONS AND ANSWERS

— Сейча́с хо́лодно? — Нет, жа́рко.
— Мо́ре далеко́? — Нет, оно́ бли́зко.
— Что там вдали́? — Вдали́ плывёт ло́дка.
— Что де́лает Ви́ктор? — Он рису́ет.
— Кто поёт? — Ле́на.

СЛОВА. WORDS

у мо́ря at the seaside
здра́вствуй, -те how do you do
друзья́ (*pl. of* друг) friends
сюда́ here (hither)
тень *f* shadow
так so
жа́рко it is hot
совсе́м quite
бли́зко near
отдыха́ть I (отдыха́‖ю, -ешь) to rest
туда́ there (thither)
волна́ (*pl.* во́лны) wave
смотре́ть II (смотрю́, смо́тришь) to look at
плыть I (плыв‖у́, -ёшь) to sail, swim
лете́ть II (лечу́ лети́шь) to fly
ча́йка seagull
не́бо (*pl.* небеса́) sky
о́блако (*pl.* -а́) cloud
гро́мко loudly
пе́сня song

ПРИМЕЧАНИЯ. NOTES

[1] Здра́вствуй is used to greet a person in addressing whom you use ты; здра́вствуйте is used for several people or one person in addressing whom you use вы.

Note that здра́вствуй, -те are forms of the Imperative Mood and also that the first в in each is not pronounced.

[2] Don't confuse the words там and туда́, здесь and сюда́: Там, здесь indicate location:

Я здесь. I am *here*.   Он там. He is *there*.

Сюда́ and туда́ indicate the direction of movement:

Я иду́ туда́.   I am going *there* (*thither*).
Он идёт сюда́.   He is coming *here* (*hither*).

УПРАЖНЕНИЯ. EXERCISES

1. Pick out from the Text the verbs in the Imperative Mood and indicate their number.

2. Form the Imperative Mood (singular and plural) of the following verbs:

рабо́тают, зна́ют, ку́рят, смо́трят.

3. Insert a suitable adverb from those given below:

жа́рко, бли́зко, гро́мко.

1. Вы говори́те ... . 2. Здесь ... . 3. Дере́вня ... .

4. Translate into Russian:

1. Read loudly. 2. He is going slowly, let him go quickly. 3. Look over there: there are birds flying there. 4. "What is Lena doing?" "She is singing." 5. "Who is drawing?" "Victor is drawing."

5. Memorize the Text, the Questions and Answers.
6. Give other answers in the Questions.

УРО́К ДВАДЦА́ТЫЙ
LESSON TWENTY

> Possessive Pronouns of the 1st and 2nd Person (Summary)
> Possessive Pronouns of the 3rd Person
> The Interrogative Pronoun чей

ГРАММА́ТИКА. GRAMMAR

1. Possessive Pronouns of the 1st and 2nd Person (Summary). —

| Singular ||| Plural for all three genders |
Masculine	Feminine	Neuter	
мой my	моя́ my	моё my	мои́ my
твой your	твоя́ your	твоё your	твои́ your
наш our	на́ша our	на́ше our	на́ши our
ваш your	ва́ша your	ва́ше your	ва́ши your

From the table we see that each of the possessive pronouns **мой, твой** and **наш, ваш** has three gender forms in the singular and one form, common to all the genders, in the plural.

The possessive pronouns of the 1st and 2nd person agree in gender and number with the noun they qualify:

мой брат	моя сестра́	моё перо́	мои газе́ты
my brother	my sister	my pen	my newspapers

2. Possessive Pronouns of the 3rd Person.

— These pronouns have the same form for the three genders and both numbers:

его́ [йиво́] his
его́ its *n*

её [йийо́] her
их their

As in English, their form is not affected by the gender and number of the noun they qualify:

его́ брат *m*	его́ сестра́ *f*	его́ перо́ *n*	его́ газе́ты *pl.*
his brother	*his* sister	*his* pen	*his* newspapers

3. The Interrogative Pronoun *чей*.

— The interrogative **чей** 'whose' has three gender forms in the singular and one form, common for the three genders, in the plural; in questions **чей** is often accompanied by the word **э́то** which does not change:

Singular			Plural for all three genders
Masculine	Feminine	Neuter	
чей (э́то)? whose (is this)?	чья (э́то)? whose (is this)?	чьё (э́то)? whose (is this)?	чьи (э́то)? whose (are these)?

Чей agrees in gender and number with the noun it qualifies:

Чей э́то брат?   *Whose* brother is he?
Чья э́то сестра́?   *Whose* sister is she?
Чьё э́то перо́?   *Whose* pen is this?
Чьи э́то газе́ты?   *Whose* newspapers are these?

СЛОВА. WORDS

его́ his, its
её her(s)
их their(s)

чей, чья, чьё, чьи whose (is this, are these)

ТЕКСТ. TEXT

ФОТОГРАФИИ

— Чей э́то альбо́м? Ваш?
— Да, мой. Вы зна́ете, я мно́го снима́ю.
— Покажи́те, пожа́луйста, ваш альбо́м.
— Смотри́те, пожа́луйста.
— Вот гру́ппа. Чья э́то семья́[1]? Ва́ша?
— Да, на́ша. Вот напра́во мой оте́ц, нале́во моя́ мать.
— И ря́дом стои́т ваш брат Влади́мир. Где он тепе́рь?
— Он моря́к. Сейча́с он далеко́.
— Он жена́т[2]?
— Нет, он не жена́т. Вот ещё гру́ппа. Здесь моя́ сестра́ и её семья́.
— Ва́ша сестра́ за́мужем[2]? Кто её муж? То́же моря́к?
— Нет, её муж — инжене́р. Его́ фами́лия[1] Зими́н. Вот его́ фотогра́фия.
— Они́ уже́ давно́ жена́ты?
— Да, давно́.
— Э́то их де́ти?
— Да, напра́во сиди́т их сын.
— Как его́ и́мя?
— Его́ и́мя — Никола́й.
— А нале́во стои́т их дочь? Как её и́мя?
— Да, э́то их дочь. Её и́мя — Еле́на.
— Как хорошо́ вы снима́ете!

СЛОВА. WORDS

фотогра́фия photograph
снима́ть I (снима́||ю, -ешь) to photograph
покажи́те show (me)
ря́дом by the side of
стоя́ть II (сто||ю́, -и́шь) to stand, to be standing
тепе́рь now
моря́к (*pl.* -и́) sailor

жена́т is married (*see note 2*)
жена́ты are married (*see note 2*)
за́мужем is married (*see note 2*)
муж (*pl.* мужья́) husband
фами́лия family name, surname
жена́ (*pl.* жёны) wife
сиде́ть II (сижу́, сиди́шь) to sit
де́ти *pl.* children
и́мя *n* (*pl.* имена́) first name

ВЫРАЖЕНИЯ. EXPRESSIONS

Как ва́ше и́мя? — What is your name?
Как ва́ша фами́лия? — What is your family name?
Моё и́мя... — My first name is...
Моя́ фами́лия... — My family name is...

ПРИМЕЧАНИЯ. NOTES

[1] Don't confuse the words **семья** 'family' and **фамилия** 'family name'.
[2] 'Is married' is **женат** when speaking of a man, and **замужем** when speaking of a woman. Talking about a married couple we say: **они женаты**.

Женат is derived from the word **жена** 'wife', and **замужем** from the word **муж** 'husband'.

УПРАЖНЕНИЯ. EXERCISES

1. Answer the following questions:

1. Как ваше имя?
2. Как ваша фамилия?
3. Вы женаты (замужем)?

2. Change the plural in the following sentences into the singular:

Example: Чьи это комнаты? Мой. — Чья это комната? Моя.

1. Чьи это книги? — Мои. 2. Чьи это карандаши? — Ваши. 3. Чьи это места? — Наши.

3. Copy out the following sentences, putting the pronouns *его, её, их* instead of the dots:

1. Мой брат — инженер, ... жена — врач. 2. Анна дома, ... муж тоже сейчас дома. 3. Николай и Владимир — студенты, ... отец — колхозник. 4. Мои товарищи изучают русский язык, вот ... книги и тетради. 5. Это мой ученик, ... фамилия — Зимин.

4. Translate into Russian:

1. I am an Englishman, my first name is William, my family name is Banks. 2. I am studying Russian. 3. My teacher is a Russian; his first name is Nikolai, his family name is Ivanov.

5. a. Substitute the pronoun *твой* for *мой*:

1. Мой отец — врач. 2. Моя сестра — студентка. 3. Моё имя — Владимир. 4. Мои товарищи — студенты.

b. the pronoun *ваш* for *наш*:

1. Наш учитель дома. 2. Наша семья живёт здесь. 3. Это наше поле. 4. Наши дети гуляют.

6. Pick out from the Text groups of nouns having the same root.

7. Write another dialogue modelled on the one given on p. 77 using the Expressions and interchanging the nouns denoting members of a family.

УРОК ДВАДЦАТЬ ПЕРВЫЙ
LESSON TWENTY-ONE

> Adjectives of the type молодо́й, но́вый
> The Interrogative Pronoun како́й

ГРАММАТИКА. GRAMMAR

1. Adjectives of the type *молодо́й* 'young', *но́вый* 'new'. — In Russian adjectives may have stressed endings (as, for instance, молодо́й) or unstressed ones (as, for instance, но́вый).

All adjectives have endings which change according to gender and number; they agree in gender and number with the noun they qualify:

Singular		
Masculine	Feminine	Neuter
молодо́й челове́к но́вый журна́л	молода́я де́вушка но́вая газе́та	молодо́е расте́ние но́вое сло́во
Plural		
молоды́е лю́ди но́вые журна́лы	молоды́е де́вушки но́вые газе́ты	молоды́е расте́ния но́вые слова́

The Russian adjective has three forms in the singular and one, common for all three genders, in the plural.

The endings of adjectives of the type **молодо́й, но́вый** are called 'hard'.

When used attributively, the adjective is usually placed before the noun it qualifies. But it can also follow the noun, especially for the sake of emphasis. When used predicatively, the adjective is usually placed after the noun and a short pause is made before it. Compare:

Но́вая кни́га там. }
Там кни́га но́вая. } The *new* book is there.
Кни́га (...) но́вая. The book *is new*.

2. The Interrogative Pronoun *како́й* has all forms of gender and number and agrees with the noun it refers to. In questions како́й is often followed by the word э́то, which does not change in such cases.

Како́й can be translated into English in several ways: 'what', 'what kind of' or 'which'.

Singular		
Masculine	Feminine	Neuter
Како́й (э́то) мост? What (kind of), which bridge is this?	Кака́я (э́то) у́лица? What (kind of), which street is this?	Како́е (э́то) расте́ние? What (kind of), which plant is this?
Plural		
Каки́е (э́то) мосты́? What (kind of), which bridges are these?	Каки́е (э́то) у́лицы? What (kind of), which streets are these?	Каки́е (э́то) расте́ния? What (kind of), which plants are these?

The answer to a question formed with како́й may be complete or short:

Како́й (э́то) дом?	Это но́вый дом. Но́вый.	Это бе́лый дом. Бе́лый.
What kind of house is this?	It is a new house. A new one.	It is a white house. A white one.

СЛОВА. WORDS

молод||о́й, -а́я, -о́е, -ы́е young
но́в||ый, -ая, -ое, -ые new
челове́к (*pl.* лю́ди) person
расте́ние plant

лю́ди *pl.* (*sing.* челове́к) people, men
как||о́й, -а́я, -о́е, -и́е what kind of

ТЕКСТ. TEXT

ПОКУ́ПКИ

Гали́на — молода́я де́вушка. Ви́ктор — молодо́й челове́к. Они́ брат и сестра́.

Гали́на говори́т:

— Ви́ктор, ско́ро пра́здник[1] — вот мои́ но́вые поку́пки: голубо́е пла́тье, голуба́я шля́па и чёрные ту́фли.

— Прекра́сные[2] поку́пки! И пла́тье, и шля́па, и ту́фли мо́дные. Тепе́рь смотри́:

— О! Но́вый костю́м и но́вое пальто́?
— Да, и ещё но́вая руба́шка и но́вые боти́нки.
— Костю́м се́рый, боти́нки чёрные, руба́шка бе́лая и пальто́ се́рое. А како́й га́лстук? Где он?
— Га́лстук кра́сный. Вот он.
— То́же прекра́сные[2] поку́пки.

ВОПРОСЫ И ОТВЕТЫ. QUESTIONS AND ANSWERS

— Какой это костюм? — Это серый костюм. (Серый.)
— Ваш костюм тоже серый? — Нет, (он) чёрный.
— Какая это шляпа? — Это белая шляпа. (Белая.)
— Эти ботинки модные? — Да, очень.
— Какие это галстуки: новые или старые? — Новые.
— Чьи это покупки — ваши? — Да, мой.

СЛОВА. WORDS

покупки purchase
скоро soon; скоро праздник it will be a holiday soon
праздник holiday
голуб‖ой, -ая, -ое, -ые light blue
шляпа hat
туфли pl. (sing. туфля) shoes
бел‖ый, -ая, -ое, -ые white
чёрн‖ый, -ая, -ое, -ые black
модн‖ый, -ая, -ое, -ые stylish

прекрасн‖ый, -ая, -ое, -ые fine
костюм costume, suit
пальто (pl. пальто)³ overcoat
рубашка shirt
ботинки pl. (sing. ботинок) boots
сер‖ый, -ая, -ое, -ые grey
галстук necktie
красн‖ый, -ая, -ое, -ые red
стар‖ый, -ая, -ое, -ые old

ПРИМЕЧАНИЯ. NOTES

[1] In the word праздник д is mute.
[2] Don't confuse the adjectives красный 'red' and прекрасный 'splendid' 'beautiful'.

³ Nouns of foreign origin ending in -о, -е, -и (like пальто́, ко́фе, жюри́) generally do not change their form in the plural.

УПРАЖНЕНИЯ. EXERCISES

1. Pick out from the Text the adjectives with the nouns they qualify and state their gender and number.

2. Copy out the following, putting the pronoun *како́й* in its proper form instead of the dots:

... костю́м? ... шля́па? ... пла́тье? ... боти́нки?

3. Translate into Russian:

1. Here is my grey suit. 2. Here is my black hat. 3. Your dress is red. 4. Your shoes are white.

4. Add to the nouns given below all the adjectives (in the correct form) given on the right which may be used with them:

| челове́к, газе́та, поку́пка, цветы́, руба́шка, га́лстук, шля́па, пальто́, пла́тье, не́бо, текст | интере́сный, но́вый, кра́сный, се́рый, молодо́й, ста́рый, бе́лый, чёрный, голубо́й |

Example: интере́сная но́вая кни́га 'an interesting new book,

5. a. Memorize the Questions and Answers.
   b. Give other answers to the Questions.

УРОК ДВАДЦАТЬ ВТОРОЙ
LESSON TWENTY-TWO

> Adjectives of the type си́ний
> Adjectives of the type большо́й, хоро́ший, широ́кий
> Verbs ending in -ава́ть

ГРАММАТИКА. GRAMMAR

1. Adjectives of the type *си́ний*. — After a soft н adjectives have the endings **-ий, -яя, -ее** in the singular and **-ие** in the plural (for all three genders). These endings are called 'soft'; they are always unstressed.

Number	Masculine	Feminine	Neuter
Sing.	синий костюм a blue suit	синяя шляпа a blue hat	синее платье a blue dress
Pl.	синие костюмы blue suits	синие шляпы blue hats	синие платья blue dresses

2. **Adjectives of the type** *большо́й, хоро́ший, широ́кий*. — If the stem of an adjective ends in г, к, х or ж, ч, ш, щ, the adjectives have mixed endings, i. e. some 'hard' and some 'soft', according to the spelling rules (see Lessons 10, 11). These endings may be stressed (for instance, большо́й 'big') or unstressed (for instance, хоро́ший 'good').

As you see from the table, the stressed endings -ой, -ая, -ое of adjectives of the type большо́й in the singular are the same as those of adjectives of the type молодо́й (see Lesson 21); the unstressed endings are -ий, -ая, -ее after ж, ч, ш, щ, and -ий, -ая, -ое after г, к, х. In the plural, all adjectives of this type have the ending -ие.

Number	Masculine	Feminine	Neuter
Sing. Pl.	большо́й сад a big garden большие сады́ big gardens	больша́я шко́ла a big school большие шко́лы big schools	большо́е окно́ a big window большие о́кна big windows
Sing. Pl.	хоро́ший сад a good garden хоро́шие сады́ good gardens	хоро́шая шко́ла a good school хоро́шие шко́лы good schools	хоро́шее ме́сто a good place хоро́шие места́ good places
Sing. Pl.	широ́кий двор a wide yard широ́кие дворы́ wide yards	широ́кая у́лица a wide street широ́кие у́лицы wide streets	широ́кое окно́ a wide window широ́кие о́кна wide windows

3. **Verbs ending in** *-авать* such as встава́ть, have a different stem in the Present Tense (they drop the suffix -ва-).

Inf.: вставать 'to get up' — *Pres. Tense* встаю, встаёшь, etc., but they form their Imperative from the stem of the Infinitive вставай, вставайте.

СЛОВА. WORDS

син‖ий, -яя, -ее, -ие blue
широк‖ий, -ая, -ое, -ие wide
больш‖ой, -ая, -ое, -ие big, large
хорош‖ий, -ая, -ее, -ие good, nice
вставать I (встаю, -ёшь) to get up

ТЕКСТ. TEXT

УТРО

Весна. Хорошее весеннее утро. Встаёт солнце. Оно освещает широкие поля и большие луга.

Небо синее. Воздух свежий. Ярко светит солнце.

Какая прекрасная весенняя погода![1] Какое яркое весеннее солнце! Какая зелёная молодая трава! Какие яркие весенние цветы: красные, синие, белые, жёлтые, голубые.

Здравствуй, весна! Здравствуй, хороший весенний день!

ВОПРОСЫ И ОТВЕТЫ. QUESTIONS AND ANSWERS

— Какое сегодня утро? — Хорошее, весеннее.
— Что освещает солнце? — Оно освещает поля и луга.
— Погода плохая? — Нет, очень хорошая.
— Небо сегодня серое? — Нет, оно синее.
— Как светит солнце? — Оно светит ярко.
— Какие там цветы? — Там красные розы.

СЛОВА. WORDS

весенн‖ий, -яя, -ее, -ие spring (*attr.*)
освещать I (освещаю, -ешь) to light up
воздух air
свеж‖ий, -ая, -ее, -ие fresh; new (*a newspaper, a magazine*)
погода weather
зелён‖ый, -ая, -ое, -ые green
цветок (*pl.* цветы) flower
жёлт‖ый, -ая, -ое, -ые yellow

ПРИМЕЧАНИЕ. NOTE

[1] The pronoun какой may be used not only in questions but also in exclamations:

Какой прекрасный день! *What* a fine day!

АНТОНИМЫ. ANTONYMS

ста́рый 'old' — } но́вый 'new'
  молодо́й 'young'

УПРАЖНЕНИЯ. EXERCISES

1. Pick out from the Text the adjectives and the nouns they qualify. Underline the soft endings of adjectives and state their gender and number.

2. Qualify the nouns given below by the adjectives *большо́й, хоро́ший* in the correct form:

дере́вня, фа́брика, письмо́, го́род.

3. Qualify the nouns given below by the adjectives *я́ркий, си́ний* in the correct form:

не́бо, бума́га, га́лстук, цветы́.

4. Translate into Russian:

1. What fresh air! 2. The air is fresh today. 3. Here is a large green field. 4. The field is large and green. 5. The sun rises and lights up the fields and meadows.

5. Add to the nouns given below all adjectives (in the correct form) given on the right which may be used with them:

трава́, не́бо, река́, у́тро, день, пого́да, во́здух, цветы́, де́рево, у́лица, луг, по́ле	си́ний, жёлтый, зелёный, широ́кий, большо́й, весе́нний

6. a. Memorize the Text, the Questions and Answers.
  b. Give other answers to the Questions.

УРО́К ДВА́ДЦАТЬ ТРЕ́ТИЙ
LESSON TWENTY-THREE

> Adjectives and Adverbs
> The Comparative Degree of Adjectives and Adverbs
> The Conjunction **чем** in Comparisons

ГРАММА́ТИКА. GRAMMAR

1. Adjectives and Adverbs. — Adverbs ending in **-o** may be formed from many adjectives:

широ́кий wide	широко́ widely
плохо́й bad	пло́хо badly
хоро́ший good	хорошо́ well

You must remember that adjectives qualify nouns:

       хоро́ший учени́к   *a good* pupil

and adverbs modify verbs:

       Он говори́т **хорошо́**.   He speaks *well*.

2. The Comparative Degree of Adjectives and Adverbs. —
The form of the comparative is in many cases the same for the adjective and the corresponding adverb. This form may end in **-ее** or **-ей** (the last most frequently in the spoken language):

Pos.: я́сный clear   *Compr.:* ясне́е, ясне́й } clearer,
      я́сно clearly   more clearly

Some adjectives have the form of the comparative degree ending in **-е**:

       большо́й big   бо́льше bigger

Many of these make changes in the stem in forming the comparative degree:

к → ч   гро́мкий loud   } гро́мче louder, more loudly
          гро́мко loudly

х → ш   ти́хий low   } ти́ше more softly
          ти́хо softly

-ок-   широ́кий wide   } ши́ре wider, more widely
dropped широко́ widely

As in English, the comparative of some adjectives and adverbs in Russian is formed from a different root to that of the positive degree:

хоро́ший good } лу́чше better
хорошо́ well

плохо́й bad } ху́же worse
пло́хо badly

ма́ленький little } ме́ньше smaller, less
ма́ло little

мно́го much   бо́льше more

The comparative degree may also be formed by placing the word **бо́лее** 'more' or **ме́нее** 'less' before the positive degree of the adjective or adverb:

интере́сный	interesting *(adj.)*
бо́лее интере́сный	more interesting
ме́нее интере́сный	less interesting
интере́сно	interesting *(adv.)*
бо́лее интере́сно	more interesting
ме́нее интере́сно	less interesting

3. The Conjunction *чем* in Comparisons. — The parts of a comparison may be linked together by the conjunction **чем**, which corresponds to the English 'than'; it is always preceded by a comma:

Со́лнце бо́льше, чем луна́.   The sun is bigger *than* the moon.

Мэ́ри чита́ет лу́чше, чем Анна.   Mary reads better *than* Ann.

СЛОВА. WORDS

плох‖о́й, -а́я, -о́е, -и́е bad
пло́хо badly
широко́ widely
я́сн‖ый, -ая, -ое, -ые clear
бо́льше bigger; more
гро́мк‖ий, -ая, -ое, -ие loud
гро́мче louder, more loudly
ти́х‖ий, -ая, -ое, -ие low (of a voice, etc.)
ти́хо in a low voice, softly
ти́ше softer, more softly, lower
лу́чше better

ху́же worse
ма́леньк‖ий, -ая, -ое, -ие little, small
ме́ньше smaller; less
бо́лее more
ме́нее less
интере́сн‖ый, -ая, -ое, -ые interesting
интере́сно interestingly, (it is) interesting
чем than

ТЕКСТ. TEXT

НАШИ УСПЕХИ

Джон и я изуча́ем ру́сский язы́к вме́сте. Тепе́рь мы уже́ понима́ем по-ру́сски лу́чше, чем ра́ньше. Мы чита́ем уже́ бо́лее тру́дные и дли́нные, но и бо́лее интере́сные те́ксты, де́лаем бо́лее тру́дные упражне́ния.

Джон чита́ет по-ру́сски лу́чше, чем я. Я чита́ю ме́дленнее и ху́же, чем он. Наш учи́тель говори́т: «Вы чита́ете сли́шком медленно и тихо. Читайте, пожалуйста, немного громче и быстрее. А вы, Джон, читаете слишком быстро и громко. Читайте медленнее и немного тише».

Я говорю по-русски хуже, чем Джон, но я пишу лучше и больше, чем он. Джон ещё плохо пишет. Он мало пишет дома — меньше, чем надо.

Уроки теперь труднее, чем раньше, но интереснее. Мы делаем успехи.

ВОПРОСЫ И ОТВЕТЫ. QUESTIONS AND ANSWERS

— Вы изучаете русский язык? — Да, изучаю.

— Вы понимаете теперь лучше по-русски? — Да, много лучше.

— Кто читает по-русски быстрее: вы или Джон? — Он читает быстрее.

— Джон делает большие успехи? — Да, очень.

— А вы делаете успехи? — Да, конечно.

СЛОВА. WORDS

успех success, progress
Джон John
понимать I (понима́||ю, -ешь) to understand
раньше before, formerly; earlier
трудн||ый, -ая, -ое, -ые difficult

длинн||ый, -ая, -ое, -ые long
упражнение exercise
слишком too
быстр||ый, -ая, -ое, -ые fast
надо it is necessary

ВЫРАЖЕНИЕ. EXPRESSION

делать успехи   to make progress

УПРАЖНЕНИЯ. EXERCISES

1. Pick out from the Text the adjectives and the adverbs in the comparative; indicate which are adjectives and which adverbs, and write them in the positive degree.

   Example: больше   *adj.* — большой
   больше   *adv.* — много

2. Write the comparative degree of the following adjectives:

   новый, красный, прекрасный, интересный;

and of the following adjectives:

   громкий, маленький, большой

3. Translate into Russian:

1. A city is bigger than a village. 2. A garden is smaller than a park. 3. Now I speak Russian better than formerly. 4. The new exercises are more difficult than the old. 5. You understand French better than Victor. 5. My room is smaller than yours. 7. We are now walking quicker than formerly.

4. a. Memorize the Questions and Answers.
   b. Give other answers to the Questions.

5. Retell the Text.

УРОК ДВАДЦАТЬ ЧЕТВЁРТЫЙ
LESSON TWENTY-FOUR

The Superlative Degree of Adjectives formed with the Pronoun **са́мый**
The Demonstrative Pronouns **э́тот** and **тот**

ГРАММА́ТИКА. GRAMMAR

1. The Superlative Degree of Adjectives formed with the Pronoun *са́мый*. — A common form of the superlative in spoken Russian is formed by means of the pronoun **са́мый** 'most'. The pronoun **са́мый** has gender and number forms like those of adjectives with hard endings:

Singular		
Masculine	Feminine	Neuter
са́мый интере́сный the most interesting	са́мая интере́сная the most interesting	са́мое интере́сное the most interesting
Plural		
са́мые интере́сные the most interesting		

Examples:

Это моя **самая интересная** книга.	This is my *most interesting* book.
Сегодня мы делаем **самое трудное** упражнение.	We are doing the *most difficult* exercise today.

2. The Demonstrative Pronouns *этот* **and** *тот*. — Этот corresponds to the English pronoun 'this' and тот to 'that'. They agree in gender and number with the noun which they qualify, as follows:

Number	Gender		
	Masculine	Feminine	Neuter
Sing.	**этот** текст this text	**эта** книга this book	**это** слово this word
Pl.	**эти** тексты these texts	**эти** книги these books	**эти** слова these words
Sing.	тот завод that plant	та школа that school	то место that place
Pl.	те заводы those plants	те школы those schools	те места those places

As you know, the neuter form **это** may be used in the meaning of 'this (it) is' with a noun of any gender or number.

Это ваш стол.	This is your table.
Это ваша книга.	This is your book.
Это ваши книги.	These are your books.

СЛОВА. WORDS

сам‖ый, -ая, -ое, -ые the most
тот, та, то, те that, those
этот, эта, это, эти this, these

ТЕКСТ. TEXT

МОИ КНИГИ

Это мой книжный шкаф. Наверху мои самые лучшие книги: интересные романы и рассказы, стихи. Я люблю эти

книги. Моя́ са́мая интере́сная кни́га — вот э́та, а са́мая но́вая — вот та. Это Пу́шкин[1]. Пу́шкин — мой са́мый люби́мый ру́сский поэ́т. Его́ стихи́ — мои́ са́мые люби́мые. А вот Го́рький[2]. Го́рький — са́мый изве́стный сове́тский писа́тель. Я о́чень люблю́ его́ рома́ны и расска́зы.

Внизу́ лежа́т журна́лы. Эти журна́лы но́вые, а те ста́рые, но там интере́сные иллюстра́ции.

ВОПРОСЫ И ОТВЕТЫ. QUESTIONS AND ANSWERS

— Како́й э́то шкаф? — Это кни́жный шкаф.
— Это ваш шкаф? — Да, мой.
— Каки́е кни́ги наверху́? — Наверху́ мои́ лу́чшие кни́ги.
— Каки́е э́то кни́ги? — Это стихи́.
— Како́й ваш са́мый люби́мый писа́тель? — Го́рький.

СЛОВА. WORDS

кни́жный шкаф bookcase
наверху́ on the top; *here*: on the top shelves
лу́чш‖ий, -ая, -ее, -ие best
са́мый лу́чший the very best
рома́н novel
расска́з story

стихи́ verses, poetry
люби́м‖ый, -ая, -ое, -ые favourite
поэ́т poet
изве́стн‖ый, -ая, -ое, -ые (well) known
писа́тель *m* writer
иллюстра́ция illustration

ПРИМЕЧАНИЯ. NOTES

[1] А. С. Пу́шкин — a great Russian poet (1799-1837)
[2] М. Го́рький (Алексе́й Макси́мович Пе́шков) — a great Russian writer (1868-1936).

УПРАЖНЕНИЯ. EXERCISES

1. Replace the first set of dots in each of the following sentences by *э́тот, э́та, э́то* or *э́ти* and the second by *тот, та, то* or *те*:

1. ... пла́тье зелёное, ... пла́тье кра́сное. 2. ... шля́па се́рая, ... шля́па бе́лая. 3. ... боти́нки чёрные, ... боти́нки

жёлтые. 4. ... костюм синий, ... костюм чёрный. 5. ... пальто старое, ... пальто новое.

2. Insert the word *самый* in the correct form instead of the dots:

1. Эта книга ... интересная. 2. Вот ... новый журнал. 3. Это мои ... любимые стихи. 4. Какое упражнение ... трудное? 5. Какой текст у нас ... длинный?

3. Translate into English the first paragraph of the Text.

4. Translate into Russian the following pairs of sentences:

1. This book is the most interesting (one). This is the most interesting book. 2. These magazines are the freshest (ones). These are the freshest magazines. 3. This text is long. This is a long text. 4. This word is difficult. It is a difficult word. 5. These pictures are good. These are good pictures.

5. a. Memorize the Questions and Answers.
  b. Give other answers to the Questions.

6. Retell the Text.

УРОК ДВАДЦАТЬ ПЯТЫЙ
LESSON TWENTY-FIVE

> The Present Tense of the Verb быть
> The Phrase у меня есть, etc.
> The Conjugation of the Verb жить

ГРАММАТИКА. GRAMMAR

1. The Present Tense of the Verb *быть*. — In modern Russian the verb **быть**, which corresponds to the English 'to be', has only one form in the Present Tense — the 3rd person singular **есть**, — which may be used for the singular and the plural, mainly with the meaning 'there is' or 'there are':

Там **есть** лампа.   *There is* a lamp there.
Там **есть** карандаши.   *There are* pencils there.

Questions and answers:

— Там **есть** лампа?   *Is there* a lamp there?
— Да, **есть**.   Yes, *there is*.

— Там **есть** кни́ги?   *Are there* books there?
— Да, **есть**.   Yes, *there are*.

In a negative answer neither the verb **есть** nor the particle **не** are used; you say simply **нет** or: **нет, нет(у)**:

Есть здесь цветы́?   *Are there* flowers here?
Нет, нет(у).   No, *there aren't*.

The verbal form **есть** is used when it is necessary to emphasize the presence of something. If this necessity does not arise, **есть** may be omitted and you can say:

Здесь но́вая кни́га.   Здесь но́вые кни́ги.

2. The Phrase *у меня́ есть,* **etc.** — This phrase is generally used in the meaning of 'I have (got)', etc. There is a special form of the personal pronoun for every person in this phrase.

У меня́ есть		I have	
У тебя́ есть		You have	
У него́ есть		He has	
У неё есть	кни́га.	She has	(got) a book.
У нас есть	кни́ги.	We have	books.
У вас есть		You have	
У них есть		They have	

У вас may be used not only in speaking to several persons but also to one person, as a polite form of address.
Есть may be omitted in these phrases, too. Compare:

У меня́ есть но́вый костю́м.
У меня́ но́вый костю́м.   } I have a new suit.

In answers to questions the first part of this phrase (**у меня́, у тебя́,** etc.) may be omitted.

У вас есть ру́сская кни́га?   Have you a Russian book?
Да, **есть**.   Yes, I have.

There are instances when the phrase **у меня́**, etc. corresponds to the possessive pronoun and is translated as such:

У меня́ костю́м но́вый.
(= **Мой** костю́м но́вый.)   } *My* suit is new.

3. The Conjugation of the Verb жить. — In the Present Tense the verb **жить** 'to live', 'to stay', takes **-в-** before the ending:

я живу́ мы живём
ты живёшь вы живёте
он, она́ живёт они́ живу́т

СЛОВА́. WORDS

быть to be
есть there is (are)
жить to live
у меня́ (есть) I have got

ТЕКСТ. TEXT

У НАС БОЛЬША́Я СЕМЬЯ́

У нас больша́я семья́. Мои́ роди́тели уже́ ста́рые.
Все их де́ти взро́слые. Я у них са́мая мла́дшая дочь. Мы живём вме́сте.

У меня́ есть брат и сестра́. Мой брат намно́го ста́рше, чем я. Он уже́ давно́ жена́т, у него́ хоро́шая жена́. Брат и его́ жена́ живу́т дру́жно. У них есть де́ти: сын и совсе́м ма́ленькая дочь. Ма́льчик сму́глый, у него́ тёмные во́лосы и чёрные глаза́; де́вочка — блонди́нка, у неё све́тлые во́лосы и больши́е голубы́е глаза́.

Моя́ ста́ршая сестра́ за́мужем. Моя́ сестра́ и её муж — о́ба врачи́. У них одна́ специа́льность.

А я ещё студе́нтка. У меня́ больши́е пла́ны на бу́дущее.
Вот кака́я у нас семья́.
А кака́я семья́ у вас? Больша́я и́ли нет?

ВОПРОСЫ И ОТВЕТЫ. QUESTIONS AND ANSWERS

— Ваши родители очень старые? — Нет, не очень.

— Кто старше: ваш отец или ваша мать? — Мой отец старше, чем моя мать.

— Кто моложе: вы или ваш брат Владимир? — Мой брат Владимир моложе, чем я.

— Ваш младший брат женат? — Нет, он ещё не женат.

— Ваша старшая сестра замужем? — Да, она замужем.

— У неё есть дети? — Да, есть: сын и совсем маленькая дочь.

— Какие у вас волосы и глаза? — У меня чёрные волосы и синие глаза.

— Вы врач? — Нет, я ещё студент.

СЛОВА. WORDS

родители *pl.* parents
намного much
давно *here:* for a long time
взросл‖ый, -ая, -ое, -ые grown-up
младш‖ий, -ая, -ее, -ие younger
старш‖ий, -ая, -ее, -ие elder, older
дружно in harmony
мальчик boy
смугл‖ый, -ая, -ое, -ые swarthy, dark
тёмн‖ый, -ая, -ое, -ые dark

глаз (*pl.* -а́) eye
девочка a little girl
блондинка blonde
светл‖ый, -ая, -ое, -ые fair
оба both
специальность *f* speciality, profession
будущее the future
на будущее for the future
старше older

УПРАЖНЕНИЯ. EXERCISES

1. Pick out from the Text phrases corresponding to the English 'I (you, we, they) have (got)' or 'she (he) has' and translate them.

2. Replace the dots by phrases of the type *у меня, у вас, у него, у неё, у нас, у них* according to the noun or pronoun used in the first part of the sentence:

1. Вы изуча́ете ру́сский язы́к, ... есть ру́сские кни́ги?
2. Мой ма́ленький брат пи́шет, ... есть каранда́ш.
3. Ваш сад большо́й, ... хоро́шие цветы́ и фру́кты.
4. Это на́ша мать, ... се́рые глаза́.
5. Ты блонди́нка, ... све́тлые во́лосы.

3. **Translate into Russian:**

1. Have you a big family? 2. I have a brother and a sister. 3. "Have they got children?" "Yes, they have." 4. "Are Vera and Lena married?" "Vera is married, but Lena is not." 5. "Is Boris married?" "Not yet." 6. "And you, are you married?" "No, I am not married." 7. "What (кто) is your sister?" "She is a teacher." 8. "What is her husband?" "He is an engineer."

4. a. Copy out from the Text the words concerning the family.
b. Write sentences with these words.

5. a. Memorize the Questions and Answers.
b. Give other answers to the Questions.

6. Speak about your family taking the Text as model.

УРОК ДВАДЦАТЬ ШЕСТОЙ
LESSON TWENTY-SIX

> Short Forms of Adjectives
> The Phrase у меня́ боли́т, etc.

ГРАММАТИКА. GRAMMAR

1. **Short Forms of Adjectives.** — a. In addition to the complete form already dealt with, for instance, молодо́й, ста́рый, many adjectives have a short form too: мо́лод, стар.

The complete forms of adjectives may be used attributively or predicatively. Compare:

Мой **ста́рый** оте́ц.   My *old* father.

(ста́рый, is used attributively.)

Мой оте́ц **ста́рый**.   My father *is old*.

(ста́рый is used predicatively.)

Adjectives in the short form may only be used predicatively:

Мой оте́ц **стар**.   My father *is old*.

Like the complete forms, the short forms of adjectives have three genders and two numbers. Here are the forms of the adjective **здоро́вый** 'healthy':

Gender	Complete form	Short form
Masc.	здоро́вый	здоро́в
Fem.	здоро́вая	здоро́ва
Neut.	здоро́вое	здоро́во
Pl.	здоро́вые	здоро́вы

As you see, in the short form the adjective has no ending in the masculine, it has the ending **-а** in the feminine, **-о** in the neuter and **-ы** in the plural for all three genders. After ж, ч, ш, щ and г, к, х the plural ending is **-и**: хороши́, широки́.

If the complete form of an adjective has two consonants before the ending, a vowel — generally **-е-** but sometimes **-о-** or **-ё-** — is inserted between them in the short form of the masculine gender, for instance:

интере́сный interesting   интере́сен is interesting
у́мный intelligent   умён is intelligent
коро́ткий short   ко́роток is short

Sometimes the letter **е** takes the place of the letter **ь**. Here are the forms of **больно́й** 'ill':

Gender	Complete form	Short form
Masc.	больно́й	бо́лен
Fem.	больна́я	больна́
Neut.	больно́е	больно́
Pl.	больны́е	больны́

b. The adjective **рад, ра́да, ра́до, ра́ды** 'is, are glad' has only the short form.

c. The adjective **больш‖о́й, -а́я, -о́е, -и́е** has only the complete form.

2. The Phrase у меня́ боли́т, etc. — These phrases include the same forms of personal pronouns as **у меня́ есть,** etc. They mean:

У меня́		My	
У тебя́		Your	
У него́		His	
У неё	боли́т голова́.	Her	head aches.
У нас	боля́т глаза́.	Our	eyes ache.
У вас		Your	
У них		Their	

The use of the form **боли́т** or **боля́т** depends on the number of the noun: **боли́т голова́** *(sing.)*, **боля́т глаза́** *(pl.)*.

СЛОВА. WORDS

здоро́в‖ый, -ая, -ое, -ые healthy, in good health
у́мн‖ый, -ая, -ое, -ые intelligent
больн‖о́й, -а́я, -о́е, -ы́е sick, ill

рад, -а, -о, -ы am, is, are glad
боле́ть II (боли́т, боля́т) to ache, to hurt

ТЕКСТ. TEXT

ПИСЬМО́

Дорого́й Воло́дя!

Ты спра́шиваешь, как чу́вствует себя́ на́ша люби́мая ста́рая учи́тельница, как её здоро́вье. Тепе́рь она́ уже́ чу́вствует себя́ мно́го лу́чше, чем ра́ньше, почти́ совсе́м здоро́ва. Но́ги и ру́ки у неё уже́ не боля́т, и она́ шу́тит, что гото́ва идти́ танцева́ть. Мы о́чень ра́ды, что она́ е́дет на куро́рт.

У нас дома все здоровы, — нет, почти все: болен мой старший брат Василий. У него грипп и ангина. Температура у него не очень высокая, но у него болит голова и горло.

А как ты себя чувствуешь? Как твоё здоровье? Ты спортсмен и, наверное, всегда здоров. А кто здоров — тот счастлив!

Мой сердечный привет.
Твой друг Фёдор.

ВОПРОСЫ И ОТВЕТЫ. QUESTIONS AND ANSWERS

— Как вы себя чувствуете? — Спасибо, хорошо.
— У вас дома все здоровы? — Нет, не все: мой брат болен.
— Что у него? — У него грипп.
— Какая у него температура? — Очень высокая.
— Что у него болит? — У него болит горло и голова.

СЛОВА. WORDS

письмо (*pl.* письма) letter	грипп grippe, 'flu
чувствовать I (чувству‖ю, -ешь) to feel; ~ себя to feel (oneself)	ангина sore throat, tonsillitis
здоровье health	температура temperature
почти almost	высок‖ий, -ая, -ое, -ие high
шутить II (шучу, шутишь) to joke	горло throat
готов‖ый, -ая, -ое, -ые ready	спортсмен sportsman
что that	наверное probably
курорт health resort; на ~ to a health resort	всегда always
	счастлив‖ый, -ая, -ое, -ые happy
все all, everybody	сердечн‖ый, -ая, -ое, -ые hearty
	привет greeting

ВЫРАЖЕНИЯ. EXPRESSIONS

Как ваше (твоё) здоровье?	How are you?
Как её (его) здоровье?	How is she (he)?
Что у вас (болит)?	What is the matter with you? What hurts you?
Я чувствую себя хорошо.	I am feeling fine.
У него температура.	He has a temperature.
У него высокая температура.	He has a high temperature.
Кто здоров, тот счастлив.	He who is healthy is happy.
Сердечный привет.	My best regards.

УПРАЖНЕНИЯ. EXERCISES

1. Pick out from the Text the adjectives in their short form. Indicate their gender and number.

2. Write the short forms (of the three genders in the singular and the form of the plural) of the following adjectives (consult tables in Grammar):

a) молодо́й, хоро́ший, све́жий, гото́вый, счастли́вый, высо́кий;

b) прекра́сный, я́сный, серде́чный, я́ркий.

3. Translate into English:

1. а) Я́сное не́бо. б) Не́бо я́сно. 2. а) Счастли́вая де́вушка. б) Де́вушка сча́стлива. 3. а) Интере́сная кни́га. б) Кни́га интере́сна. 4. а) Здоро́вые де́ти. б) Де́ти здоро́вы. 5. а) Больно́й челове́к. б) Челове́к бо́лен.

4. Translate into Russian:

1. "What is the matter with you?" "I have a sore throat." 2. "Is your father ill? What is wrong with him?" "His feet hurt." 3. "How do you feel?" "Fine, thank you."

5. Pick out from the Text words denoting:
   a. parts of the human body;
   b. state of health.

6. Group together the words with the same root you find in the Text.

7. Memorize the Expressions.

8. a. Memorize the Questions and Answers.
   b. Give other answers to the Questions.

9. Write a dialogue using the expressions and the vocabulary from the Text.

УРОК ДВАДЦАТЬ СЕДЬМОЙ
LESSON TWENTY-SEVEN

> The Verbs мочь and хоте́ть
> The Modal Word до́лжен
> The Modal Words мо́жно, ну́жно, нельзя́, etc.
> Impersonal Sentences with мо́жно, ну́жно, нельзя́, хорошо́, etc.

ГРАММАТИКА. GRAMMAR

1. **The Verbs *мочь* and *хоте́ть*.** — These modal verbs are conjugated in the Present Tense as follows:

101

Infinitive: мочь I 'can, may'
Present Tense

я могу́	мы мо́жем
ты мо́жешь	вы мо́жете
он, она́, оно́ мо́жет	они́ мо́гут

In the verb **мочь** there is an interchange of the consonants г — ж — г in the Present Tense.

Infinitive: хоте́ть irreg. 'to want'
Present Tense

я хочу́	мы хоти́м
ты хо́чешь	вы хоти́те
он, она́, оно́ хо́чет	они́ хотя́т

The verb **хоте́ть** is one of the few verbs with a mixed conjugation: in the Present Tense singular it takes the endings of the first conjugation, and in the plural those of the second conjugation. In the Present there is also an interchange of the consonants: ч → т.

The Imperative of the verbs **мочь** and **хоте́ть** is not used. The verb **мочь** is usually followed in a sentence by a verb in the Infinitive.

Я могу́ идти́ сего́дня в теа́тр.   I *can go* to the theatre to-day.

The verb **хоте́ть** is also often followed by an Infinitive.

Мы хоти́м слу́шать ра́дио.   We *want to listen* to the radio.

2. The Modal Word *до́лжен*. — This word corresponds to the English modal verb 'must', but it has form of a short adjective and changes according to gender and number.

Masculine	Feminine	Neuter	Plural for all three genders
я, ты, он до́лжен	я, ты, она́ должна́	оно́ должно́	мы, вы, они́ должны́

The word до́лжен is usually followed by an Infinitive:

Мы должны́ идти́ на уро́к.　We *must go* to the lesson.

3. The Modal Words *мо́жно, ну́жно, нельзя́,* etc. — These words have the form of adverbs and express possibility, permission, duty, prohibition, etc. They are translated: **мо́жно** by 'one can', 'one may', **ну́жно** by 'one must', **нельзя́** by 'it is impossible', 'it is not permitted'. They are usually followed by an Infinitive, with which they form the predicate.

Ну́жно идти́ домо́й.　　　　*(We) must go* home.
Здесь мо́жно кури́ть.　　　*One may smoke* here.
Здесь нельзя́ кури́ть.　　　*One may not (It is not permitted to) smoke* here.

4. Impersonal Sentences. — 1. Sentences with the modal words **мо́жно, ну́жно, нельзя́,** etc., unlike the corresponding English sentences (which have the subject 'it' or 'one') have no subject and are called impersonal. Compare:

Мо́жно идти́ гуля́ть.　　　*One may go* for a walk.

2. Sentences with predicative words such as **хорошо́** 'it is nice', **светло́** 'it is light', **хо́лодно** 'it is cold', **тепло́** 'it is warm', etc. are also impersonal. Compare:

Здесь светло́ и тепло́.　　　*It is light* and *warm* here.

СЛОВА. WORDS

мочь I (могу́, мо́жешь..., мо́гут) can, may, to be able

хоте́ть *irreg.* (хочу́, хо́чешь, ... хоти́м) to want

теа́тр theatre
до́лжен, должн‖а́, -о́, -ы́ must, (am, are) is due
мо́жно (one) may
ну́жно (one) must, it is necessary

нельзя́ (one) may not, it is not permitted
светло́ it is light
гуля́ть I (гуля́‖ю, -ешь) to go for a walk

ТЕКСТ. TEXT

ЕДЕМ НА ФУТБОЛ

Утро. Студе́нты Алексе́й и Ви́ктор ещё спят. Наконе́ц Алексе́й открыва́ет глаза́ и гро́мко говори́т:

— Пора́ встава́ть. Уже́ совсе́м светло́.

— Сего́дня воскресе́нье, — отвеча́ет Ви́ктор. — Мо́жно спать ско́лько хо́чешь.

— Да, сего́дня воскресе́нье, но спать сли́шком до́лго то́же нельзя́.

— А что ты хо́чешь сего́дня де́лать?

— Я хочу́ пое́хать на футбо́л. Смотри́, кака́я хоро́шая пого́да. Едем вме́сте.

— Нет, я хочу́ отдыха́ть до́ма: чита́ть, смотре́ть телеви́зор.

— Смотре́ть футбо́л интере́снее.

— А кто сего́дня до́лжен игра́ть?

— На́ши лу́чшие кома́нды — «Дина́мо» и «Спарта́к».

— Да, тогда́ я не могу́ сиде́ть до́ма. Ну́жно е́хать на футбо́л!

— Едем! Биле́ты у меня́ есть. Встава́й быстре́е!

СЛОВА. WORDS

е́хать I (е́д‖у, -ешь), пое́хать I (no Pres. Tense) to go (by some means of transport); е́дем let's go
спать II (сплю, спишь) to sleep
наконе́ц finally, at last
открыва́ть I (открыва́‖ю, -ешь) to open
пора́ it is time

уже́ already
воскресе́нье Sunday
вме́сте together
телеви́зор television (set)
игра́ть I (игра́‖ю, -ешь) to play
кома́нда team
тогда́ then
биле́т ticket

ВЫРАЖЕНИЯ. EXPRESSIONS

ско́лько хо́чешь as much as you like
сиде́ть до́ма to stay at home (lit.: to sit at home)

УПРАЖНЕНИЯ. EXERCISES

1. Translate the following sentences from the Text into English:

1. Сегодня воскресенье, можно спать сколько хочешь. 2. Нельзя спать слишком долго. 3. Что ты хочешь сегодня делать? 4. Сегодня должны играть наши лучшие команды. 5. Тогда я не могу сидеть дома. 6. Нужно ехать на футбол.

2. Insert the word *должен* in the correct form instead of the dots:

1. Мой брат ... ехать в Ленинград. 2. Моя сестра больна, она ... быть дома. 3. Уже пора, мы ... идти на урок. 4. Что вы ... сегодня делать. 5. Где ... лежать это письмо?

3. Answer the following questions on the Text:

1. Что говорит Алексей?
2. Что отвечает Виктор?
3. Куда они хотят ехать?
4. У них уже есть билеты на футбол?

4. Conjugate the verb in the following sentences. Do not change the other words.

a. 1. Я не сплю долго. 2. Я встаю рано. 3. Я сижу дома. 4. Я смотрю в окно.

b. 1. Я хочу спать. 2. Я не могу быть там.

5. Translate into Russian:

1. "Can't you read a little faster?" "Yes, I can." 2. We want to speak Russian. 3. I want to speak Russian well.

6. Memorize the Text.

УРОК ДВАДЦАТЬ ВОСЬМОЙ
LESSON TWENTY-EIGHT

> Verbs in the Past Tense
> The Link-verb быть in the Past
> The Phrase у меня был, etc.

ГРАММАТИКА. GRAMMAR

1. Verbs in the Past Tense. — In Russian there is only one Past Tense which may correspond the different Past Tenses of the English language (Past Indefinite, Past Continuous or Past Perfect) and sometimes to the Present Perfect. For instance, **я чита́л** may mean 'I read', 'I have read', 'I was reading' or 'I had read'.

The majority of Russian verbs form their Past Tense by dropping the suffix **-ть** or **-ти** of the Infinitive and adding the suffix **-л** to the stem of the Infinitive.

> чита(ть) — чита + л = чита́л
> пе(ть)   — пе   + л = пел
> бы(ть)   — бы   + л = был

In Russian the verb changes its form in the Past Tense according to the gender and number of the subject but not according to the person. It has the same endings as the short forms of adjectives:

Masc. я, ты, он чита́л, был — **-л** at the end (no ending)
Fem. я, ты, она́ чита́ла, была́ — **-ла** at the end (the ending **-a**)
Neut. оно́ чита́ло, бы́ло — **-ло** at the end (the ending **-o**)
Pl. мы, вы, они́ чита́ли, бы́ли — **-ли** at the end (the ending **-и**)

Thus, the verb in the Past Tense is conjugated as follows:

я чита́л, чита́ла	мы чита́ли
ты чита́л, чита́ла	вы чита́ли
он чита́л	
она́ чита́ла	они́ чита́ли
оно́ чита́ло	

Some verbs whose stem ends in a consonant do not take the suffix **-л** in the masculine singular. One such verb is **расти́** 'to grow', which has the following forms in the Past Tense:

> рос *m*, росла́ *f*, росло́ *n*, росли́ *pl*.

2. The Link-verb *быть* in the Past. — As you know, the link-verb **быть** is not used in general in the Present Tense (see Lessons 1, 4 and 7); in the Past Tense on the contrary, it cannot be omitted:

Мой отец **был** врач. My father *was* a physician.
Цветы **были** прекрасны. The flowers *were* beautiful.

3. The Phrase *у меня был,* etc. — The phrase **у меня был**, etc. is the Past Tense form of **у меня есть**. The form of the verb — **был, была, было, были** — depends on the gender and number of the subject.

У меня		I had	
У тебя	был урок.	You had	a lesson.
У него	была книга.	He had	a book.
У неё	было перо.	She had	a pen.
У нас	были газеты.	We had	newspapers.
У вас		You had	
У них		They had	

СЛОВА. WORDS

расти I (раст‖у́, -ёшь) to grow
перо́ (*pl.* пе́рья) pen, nib

ТЕКСТ. TEXT

ЭТО БЫЛО ДАВНО

Вчера у нас был урок. Сначала мы читали и писали. Потом мы слушали, что рассказывал наш учитель. У него была новая карта СССР. Он говорил:

«Смотрите: вот карта СССР. Это Русская равнина[1]. Теперь здесь поля и леса, города и деревни. А раньше, очень давно, здесь было море, шумели морские волны. И там, где были морские заливы, теперь геологи находят нефть и соль.

Вот юг СССР. Это Донбасс[2]. Здесь большие шахты, и шахтёры добывают уголь. А раньше здесь рос огромный могучий лес. Но это было давно, очень давно».

ВОПРОСЫ И ОТВЕТЫ. QUESTIONS AND ANSWERS

— Когда у вас был урок? — У нас урок был вчера.
— Что вы делали сначала? — Сначала мы читали и писали.
— Что вы делали потом? — Потом мы слушали, что рассказывал наш учитель.

— Какая у вас была карта? — У нас была карта СССР.
— Где были морские заливы? — Они были там, где теперь Русская равнина.
— Что находят здесь геологи? — Нефть и соль.
— Где рос могучий лес? — Там, где теперь Донбасс.
— Когда это было? — Это было давно.
— Кто добывает уголь? — Шахтёры.

СЛОВА. WORDS

вчера yesterday
сначала at first
что *pron.* what
равнина plain
морск‖ой, -ая, -ое, -ие sea (*attr.*)
залив gulf
геолог geologist
находить II (нахожу, находишь) to find

нефть *f* oil
соль *f* salt
шахта *f* pit
шахтёр miner
добывать I (добыва‖ю, -ешь) to mine
уголь *m* coal
огромн‖ый, -ая, -ое, -ые vast
могуч‖ий, -ая, -ее, -ие powerful, mighty

ПРИМЕЧАНИЯ. NOTES

[1] Русская равнина — 'the Russian Plain' — a vast flat expanse extending from the Arctic Ocean in the north to the Caucasian, Crimean and Carpathian Mountains in the south and from the Baltic Sea in the northwest to the Ural Mountains in the east.

[2] Донбасс = Донецкий бассейн — the 'Donbas' or 'the Donetz basin' — the most important coal basin in the European part of the U.S.S.R. (in the south-east of the Ukraine).

УПРАЖНЕНИЯ. EXERCISES

1. **Pick out from the Text the verbs in the Past Tense with the nouns or pronouns which are their subjects, and indicate their gender and number.**

Example: был урок *m sing*.

2. **Replace the dots by the verb** *быть* **in the correct form:**

1. Вчера я ... дома. 2. У нас ... гости. 3. Моя сестра ... больна. 4. Ваше письмо ... интересно. 5. Где вы ... вчера?

3. **Form the Past Tense of the following verbs:**

говорить, рисовать, изучать, гулять, играть, находить, слушать.

Example: писа́л, писа́ла, писа́ло, писа́ли.

4. Compose short sentences (consisting of a subject and predicate) with the verbs in the preceding exercise.

Example: Я писа́л. Сестра́ чита́ла.
(Don't use neuter nouns as subjects of your sentences.)

5. What is the gender of the nouns:

соль, нефть, у́голь?

6. Copy out from the Text the adjectives with the nouns they qualify. State their gender and number.

Example: но́вая ка́рта *f sing*.

7. What adverbs in the Text answer the question *когда́?*

8. a. Memorize the Questions and Answers.
b. Give other answers to the Questions.

УРОК ДВАДЦАТЬ ДЕВЯТЫЙ
LESSON TWENTY-NINE

> The Past Tense of the Verb мочь
> The Link-verb быть in the Past Tense with the Word до́лжен
> The Link-verb бы́ло with the Words мо́жно, ну́жно, нельзя́, хорошо́, etc.

ГРАММАТИКА. GRAMMAR

1. The Past Tense of the Verb *мочь*. — This verb forms its Past Tense not from the stem of the Infinitive but from that of the Present Tense мо́г(ут); it does not take the suffix -л in the masculine singular:

мог *m*, могла́ *f*, могло́ *n*, могли́ *pl*.

2. The Link-verb *быть* **in the Past Tense with the Word** *до́лжен*. — In Lesson 27 you studied phrases in which the word до́лжен (должна́, должно́, должны́) was used. If до́лжен is used with reference to the past, the forms of the Past Tense of the verb быть are added to it:

Вчера́ он до́лжен был рабо́тать.   Yesterday he *had* to work.

109

Она должна была уже быть здесь.	She *ought to have been* here already.
Поле должно было быть недалеко.	The field *ought to (must)* have been not far away.
Мы должны были читать.	We *had* to read.

As you see from the above examples, the form of the link-verb changes according to the gender and number of the subject. The link-verb is generally placed after **должен**.

3. The Link-verb *было* **with the Words** *можно, нужно, нельзя, хорошо,* **etc.** (in impersonal sentences). — In Lesson 27 you learnt about impersonal sentences in the Present Tense containing the words **можно, нужно, нельзя,** etc. In the Past Tense the link-verb **было** (the neuter form of the Past) is added to them:

Можно было идти гулять.	*It was possible* to go for a walk.
Нужно было работать.	*One had* to work.
Нельзя было курить.	*It was not permitted* to smoke.

The same occurs in impersonal sentences with the words **хорошо, тепло,** etc.

Здесь было хорошо.	*It was nice* here.
Вчера было тепло.	*It was warm* yesterday.

ТЕКСТ. TEXT
ПРОГУЛКА

Позавчера был рабочий день. Мы должны были работать. Вечером мы хотели идти гулять, но гулять было нельзя: погода была очень плохая: шёл дождь, было холодно и сыро, дул сильный ветер.

Вчера был праздник, и погода была гораздо лучше. Было тепло, светило солнце, небо было синее.

Мои друзья и я поехали за город. За городом было очень хорошо. Но мои друзья не могли долго гулять: они должны были рано быть дома и спешили.

А я не спешил, но один[1] гулять не хотел. Значит, нужно было тоже рано ехать домой — когда было ещё совсем светло.

Было очень жаль: за городом было так хорошо!

ВОПРОСЫ И ОТВЕТЫ. QUESTIONS AND ANSWERS

— Когда был рабочий день? — Позавчера.
— Вы должны были работать? — Да, мы должны были работать.
— Что вы хотели делать вечером? — Мы хотели гулять.
— Какая была погода? — Очень плохая: шёл дождь, было холодно и сыро, дул сильный ветер.
— Можно было гулять? — Нет, нельзя.
— Когда был праздник? — Вчера.
— А какая погода была вчера? — Гораздо лучше: было тепло, светило солнце.
— Где вы были вчера? — Мои друзья и я были за городом.
— Вы долго гуляли? — Нет.
— Почему? — Потому что мои друзья спешили домой, а я не хотел гулять один.

СЛОВА. WORDS

прогулка walk
позавчера the day before yesterday
вечером in the evening
дождь *m* rain
сыро it is damp
дуть I (ду́||ю, -ешь) to blow
сильн||ый, -ая, -ое, -ые strong
ветер (*pl.* ветры) wind
гораздо (*used only before the comparative*) much
за город to the country
за городом in the country

рано early
спешить II (спешу, спешишь) to be in a hurry, to hurry
один, одна, одно, одни alone
значить II (знач||у, -ишь) to mean; значит *here:* it means that; it follows that
совсем quite
жаль it is a pity
почему why
потому что because

ВЫРАЖЕНИЯ. EXPRESSIONS

рабочий день	working day
идёт дождь	it is raining
шёл дождь	it was raining
Очень жаль.	It is a great pity.

ПРИМЕЧАНИЕ. NOTE

[1] The word один may mean 'one' or 'alone'.

УПРАЖНЕНИЯ. EXERCISES

1. Replace the dots by the verb *мочь* in the Past:

1. Вчера была хорошая погода, дети ... много гулять. 2. Вчера моя сестра не ... идти в театр. 3. Мой друг был

бо́лен и не ... е́хать на футбо́л. 4. Де́ти бы́ли здоро́вы и ... пое́хать за́ город.

2. Change the following sentences into the Past:

1. Пого́да хоро́шая. 2. Со́лнце све́тит, как тепло́! 3. Мо́жно гуля́ть за́ городом. 4. Мы не должны́ сиде́ть до́ма. 5. Жаль, что ну́жно ра́но е́хать домо́й. 6. Здесь нельзя́ шуме́ть.

3. Translate into Russian:

1. I could not watch the football (match) yesterday. 2. I had to go to the lesson. 3. It was not permitted to smoke there. 4. What had you to do yesterday?

4. Copy out from the Text the personal and impersonal sentences describing the weather.

Example:

         Pers. Sentences   Impers. Sentences
        Пого́да была́ плоха́я.   Бы́ло хо́лодно.

5. Memorize the Expressions.

6. a. Memorize the Questions and Answers.
   b. Give other answers to the Questions.

7. Using the Text as model, speak about the weather yesterday and on the day before yesterday.

УРО́К ТРИДЦА́ТЫЙ
LESSON THIRTY

> The Verb быть in the Future and in the Imperative Mood
> The Phrase у меня́ бу́дет
> The Compound Future Tense of the Verb
> The Verb быть in the Future as a Link-verb

ГРАММА́ТИКА. GRAMMAR

1. The Verb *быть* **in the Future and in the Imperative Mood.**

	Future		
я бу́ду ты бу́дешь он, она́, оно́ бу́дет	I shall be you will be he, she, it will be	мы бу́дем вы бу́дете они́ бу́дут	we shall be you will they will be
	Imperative: будь, бу́дьте		

As is seen from the table, in the Future Tense the verb **быть** has another stem: **буд-** and takes the endings of the Present Tense of the first conjugation.

The Imperative Mood is formed from the stem of the Future Tense.

2. The Phrase *у меня́ бу́дет*.

| У меня́
У тебя́
У него́
У неё
У нас
У вас
У них | бу́дет кни́га.
бу́дут кни́ги. | I shall have
You will have
He will have
She will have
We shall have
You will have
They will have | a book.
books. |

In this phrase (irrespective of the person) the form **бу́дет** is used with a singular noun, and the form **бу́дут** with a plural noun.

3. The Compound Future Tense of the Verb. — The verbs we have studied so far have a compound form of the Future Tense, for instance:

| я бу́ду чита́ть
ты бу́дешь чита́ть
он, она́, оно́ бу́дет чита́ть
мы бу́дем чита́ть
вы бу́дете чита́ть
они́ бу́дут чита́ть | I shall read
you will read
he, she, it will read
we shall read
you will read
they will read |

As the table shows, the Compound Future Tense is formed from the Infinitive of the verb to be conjugated and the

Future Tense of the verb **быть** which is used as an auxiliary verb in the sense of the English 'shall' and 'will'.

4. The Verb *быть* **in the Future as a Link-verb.** —
a. The link-verb **быть** cannot be omitted in the Future any more than in the Past Tense.

Этот город **будет** красив.	This city *will be* beautiful.

b. The Future of the link-verb **быть** is used with the word **должен**:

Я должен (должна) буду работать.	I *shall have* to work.
Ты должен (должна) будешь петь.	You *will have* to sing.
Мы должны будем читать.	We *shall have* to read.

c. It is also used in impersonal sentences with modal words **нужно, можно, нельзя,** etc. in the form of the 3rd person singular:

Нужно будет идти домой.	One *will have* to go home.
Завтра можно будет поехать на футбол?	*Will* it *be possible* to go to the football match tomorrow?

d. It is also used in impersonal sentences with the predicative words **тепло, хорошо,** etc. in the 3rd person singular, too:

Летом будет тепло.	It *will be warm* in summer.

ТЕКСТ. TEXT

ПИСЬМО

Дорогой Андрей!

Скоро будет лето, и у нас будут каникулы. Не нужно будет ходить в университет; мой брат, моя сестра и я будем отдыхать. Вот как мы будем проводить время.

Как ты знаешь, мой брат — турист. Он будет совершать летом далёкие походы. Моя сестра будет много играть в теннис — это её любимый спорт.

ВОПРОСЫ И ОТВЕТЫ. QUESTIONS AND ANSWERS

— Вчера была буря? — Да, была.
— Какая погода будет завтра? — Наверно, будет тихо и тепло.
— Море будет спокойное? — Я думаю, да.
— Завтра будет луна? — Да, ночь будет светлая.

СЛОВА. WORDS

буря storm
страшн‖ый, -ая, -ое, -ые terrible
заливать I (заливает) to flood
берег (pl. -á) shore
приморск‖ий, -ая, -ое, -ие seaside (attr.)
сквер public garden
пуст‖ой, -ая, -ое, -ые empty
тихо it is calm
спокойн‖ый, -ая, -ое, -ые quiet

живёт here: is full of life
бегать I (бега‖ю, -ешь) to run
завтра tomorrow
послезавтра the day after tomorrow
светл‖ый, -ая, -ое, -ые light
полн‖ый, -ая, -ое, -ые full
свет light (noun)
рассвет dawn

УПРАЖНЕНИЯ. EXERCISES

1. Pick out the verbs from the Text: indicate their tense and person (the gender for the Past Tense), number and conjugation.

2. Conjugate the verb *учить* in all the forms you know.

Find the roots, prefixes, suffixes and endings in the following words:

a. мо́ре, морско́й, примо́рский; b. свет, свети́ть, све́тлый, рассве́т.

4. Translate into Russian:

1. My sister was reading yesterday and my brother was writing a letter. 2. My father is resting now and I am working. 3. Tomorrow we shall see (a) football (match).

5. Write the first paragraph of the Text in the Present Tense, the second in the Future Tense, and the third in the Past Tense, changing the adverbs accordingly (сего́дня, вчера́, позавчера́, за́втра, послеза́втра).

6. a. Memorize the Questions and Answers.
b. Give other answers to the Questions.

УРОК ТРИДЦАТЬ ВТОРОЙ
LESSON THIRTY-TWO

Aspects of the Verb

ГРАММАТИКА. GRAMMAR

Aspects of the Verb. — 1. In Russian there are verbs which, irrespective of their dictionary meaning and their form, indicate that the action is incomplete, continuous or repeated. They are called verbs of the *Imperfective Aspect*. The verbs we have seen so far, for instance, **чита́ть** 'to read', **писа́ть** 'to write', **стро́ить** 'to build', etc., are of the Imperfective Aspect.

Other verbs, on the contrary, irrespective of their dictionary meaning, indicate that the action is complete, that there is something resulting from it, or that it was done only on one occasion. These are called verbs of the *Perfective Aspect*. The verbs **прочита́ть** 'to read through', 'to read to the end', **написа́ть** 'to write', 'to have written', **постро́ить** 'to build', 'to have built', are verbs of the Perfective Aspect. Compare:

Incomplete Action.	Complete Action:
Рабо́чие **стро́или** дом.	Рабо́чие **постро́или** дом.
The workers *were building* a house.	The workers *had built* a house.

The first example tells about a house being built, but we are not told whether it was finished. The second shows the result of the action — that a house has been or was built.

2. Verbs of the Imperfective Aspect are often used with such words as **до́лго** 'for a long time', **недо́лго** 'not for long', **всегда́** 'always', **ча́сто** 'often', **ка́ждый день** 'every day', **обы́чно** 'usually', etc.:

Он бу́дет жить здесь недо́лго.	He *will* not *live* here *for a long time.*
Мы всегда́ мно́го чита́ли.	We *always read* a lot.
Он обы́чно пи́шет ве́чером.	He *writes usually* in the evening.

Verbs of the Perfective Aspect cannot be used with these words.

3. Verbs of the Imperfective Aspect have three Tenses: the Present Tense, the Past Tense and the Compound Future Tense: **чита́ю, чита́л, бу́ду чита́ть.**

Their Imperative is formed from the stem of the Present Tense: **чита́й, чита́йте.**

Verbs of the Perfective Aspect have only two Tenses: the Past and the Future (simple, without an auxiliary verb): **прочита́л** 'I read (have or had read)', **прочита́ю** 'I shall read', 'I shall have read'.

The Past Tense of verbs of the Perfective Aspect is formed in the same way as that of verbs of the Imperfective Aspect (see Lesson 28); in the Future Tense they are conjugated in the same way as verbs of the Imperfective Aspect in the Present. You can tell to which conjugation a verb of the Perfective Aspect belongs from the forms of the Future Tense.

The Imperative of verbs of the Perfective Aspect is formed from the stem of the Future Tense in the same way as the Imperative of the verbs of the Imperfective Aspect is formed from the stem of the Present Tense (see Lesson 19).

In subsequent vocabularies to the Lessons, we shall mark verbs of the Perfective Aspect with the letter *p* (abbreviation of 'perfective').

Conjugation of Verbs of the Perfective Aspect

1st Conjugation	2nd Conjugation
Infinitive	
прочита́ть	повтори́ть
Present Tense	
—	—
Past Tense	
я прочита́л(а)	я повтори́л(а)
ты прочита́л(а)	ты повтори́л(а)
он прочита́л	он повтори́л
она́ прочита́ла	она́ повтори́ла
мы прочита́ли	мы повтори́ли
вы прочита́ли	вы повтори́ли
они́ прочита́ли	они́ повтори́ли
Future Tense	
я прочита́ю	я повторю́
ты прочита́ешь	ты повтори́шь
он, она́ прочита́ет	он, она́ повтори́т
мы прочита́ем	мы повтори́м
вы прочита́ете	вы повтори́те
они́ прочита́ют	они́ повторя́т
Imperative	
прочита́й, прочита́йте	повтори́, повтори́те

СЛОВА. WORDS

прочита́ть I p (fut. прочита́||ю, -ешь) to read (through)
стро́ить II (стро́||ю, -ишь), постро́ить II p (fut. постро́||ю, -ишь) to build
недо́лго not for long
ка́жд||ый, -ая, -ое, -ые each, every
год (pl. -ы, -а́) year
написа́ть I p (fut. напишу́, напи́шешь) to write, to have written
обы́чно usually
ве́чер (pl. -а́) evening
ве́чером in the evening
повтори́ть II p (fut. повтор||ю́, -и́шь) to repeat

ТЕКСТ. TEXT

ЧАРЛИ — ХОРО́ШИЙ УЧЕНИ́К

Мой друг Ча́рли це́лый год изуча́л ру́сский язы́к. Он всегда́ усе́рдно гото́вил уро́ки: учи́л но́вые слова́ и пра́вила, де́лал все упражне́ния, писа́л приме́ры. Ча́рли ка́ждый день чита́л ру́сские те́ксты. Он говори́л, что э́то о́чень поле́зно.

Вчера́ Ча́рли то́же хорошо́ пригото́вил уро́к. Он вы́учил но́вые слова́ и пра́вила, сде́лал все упражне́ния, написа́л интере́сные приме́ры, прочита́л но́вый текст и повтори́л пра́вила. Он сказа́л: «Тепе́рь я споко́ен, мо́жно идти́ на уро́к».

А как бу́дет за́втра? Всё бу́дет хорошо́. Ча́рли и за́втра то́же прекра́сно пригото́вит уро́к: хорошо́ вы́учит но́вые слова́, сде́лает все упражне́ния, напи́шет интере́сные приме́ры, повтори́т пра́вила, прочита́ет ста́рые те́ксты. Наш учи́тель, наве́рно, ска́жет: «Ча́рли — молоде́ц. Ча́рли — хоро́ший учени́к!»

ВОПРО́СЫ И ОТВЕ́ТЫ. QUESTIONS AND ANSWERS

— Как до́лго Ча́рли изуча́л ру́сский язы́к? — Це́лый год.
— Как он гото́вил уро́ки? — Всегда́ о́чень усе́рдно.
— Он ча́сто чита́л ру́сские те́ксты? — Да, ка́ждый день.
— Как он вчера́ пригото́вил уро́к? — То́же хорошо́.
— Что ска́жет наш учи́тель за́втра? — Он ска́жет: «Ча́рли — молоде́ц».

СЛОВА. WORDS

Чарли Charley
усердно assiduously
готовить II (готовлю, готовишь) to prepare
урок here: homework
правило rule
пример example
полезно it is useful
приготовить II p (fut. приготовлю, приготовишь) to prepare, to have prepared

выучить II p (fut. выуч‖у, -ишь) to learn, to have learnt
сделать I p (fut. сдела‖ю, -ешь) to make, to have made
сказать I p (fut. скажу, скажешь) to say
молодец (pl. молодцы) a fine fellow

УПРАЖНЕНИЯ. EXERCISES

1. Copy out in a column the imperfective verbs in the first paragraph of the Text; find in the second paragraph perfective verbs corresponding to them and write them alongside.

Example: готовил — приготовил.

2. Write in a column the forms of the Future Tense of the imperfective verbs in the first paragraph and then write alongside them the forms of the Future Tense of the corresponding perfective verbs in the third paragraph.

Example: буду готовить, приготовлю.

3. Conjugate in the Past and in the Future the perfective verbs *сделать* and *выучить*. Form their Imperative.

4. Copy out from the Text three groups of words having the same root.

5. Insert instead of the dots an imperfective or perfective verb in the Past Tense from those given on the right:

1. а) Этот дом ... целый месяц. б) Тот дом ... быстро.	строить, построить
2. а) Вчера она долго ... б) Вы уже ... этот журнал?	читать, прочитать
3. а) Вы уже ... урок? б) Он всегда ... правила.	повторять, повторить

6. a. Memorize the Questions and Answers.
   b. Give other answers to the Questions.

7. Speak about your studies, using the Text as a model.

b) совершáть — совершúть.
c) брать — взять.

3. Translate into Russian using perfective verbs:

1. I made a wonderful trip. 2. We have seen and heard many interesting things. 3. We learned this long ago. 4. We shall go to the cinema tomorrow.

4. Indicate the gender of the nouns in the Text.

5. Memorize the Text. Write in Russian another dialogue about going to the cinema.

УРОК ТРИДЦАТЬ ЧЕТВЁРТЫЙ
LESSON THIRTY-FOUR

> General Remarks on Declension
> The First Declension of Nouns (Hard Declension) in the Singular
> The Prepositions с and о

ГРАММАТИКА. GRAMMAR

1. General Remarks on Declension. — In Russian a noun changes its form according to its function in the sentence. These forms of nouns are called *cases*. There are six cases: Nominative, Genitive, Dative, Accusative, Instrumental and Prepositional. The changing of the forms of words according to cases is called *declension*.

Each case answers definite questions. The main questions are the following:

Nominative: кто? 'who?', что? 'what?'
Genitive: когó? 'of whom?', чей? 'whose?', чегó? 'of what?'
Dative: комý? 'to whom?', чемý? 'to what?'
Accusative: когó? 'whom?', что? 'what?'
Instrumental: кем? 'by whom?', чем? 'by (with) what?'
Prepositional: о ком? 'about whom?', о чём? 'about what?', где? 'where?'

Nouns may answer other questions too, for instance, кудá? 'where?', когдá? 'when?', etc., as will be seen later.

A noun is never used in the Nominative Case with a preposition, and never in the Prepositional Case without one. All other cases may be used with or without prepositions according to the function of the noun in the sentence.

2. The First Declension of Nouns (Hard Declension) in the Singular.

— The first declension comprises masculine nouns ending in a consonant and neuter nouns ending in -o. Here is their declension in the singular:

Case	Masculine Gender		Neuter Gender
	Animate	Inanimate	
N.	студе́нт	заво́д	сло́во
G.	студе́нта	заво́да	сло́ва
D.	студе́нту	заво́ду	сло́ву
A.	студе́нта	заво́д	сло́во
I.	студе́нтом	заво́дом	сло́вом
Pr.	(о) студе́нте	(о) заво́де	(о) сло́ве

1. Masculine nouns denoting animate beings have the same form in the Accusative as in the Genitive. Nouns denoting inanimate objects have identical forms in the Accusative and the Nominative cases.

2. As the table shows, neuter nouns have the same endings as masculine nouns in all cases except the Nominative and the Accusative.

> Note. — Masculine nouns ending in -ец or -ок drop correspondingly e or o in the declension, for example: *N*. оте́ц, стано́к, *Gen*. отца́, станка́, etc.

3. The Prepositions *c* and *o*.

— The preposition с meaning 'with' is used with the Instrumental Case. Before words beginning with two or more consonants it often takes the form со: со студе́нтом.

> Note. — Дово́лен 'is glad' and управля́ть 'administer' (see Texts) are used with the Instrumental without the preposition с.

The preposition о 'about', 'of' after such verbs as ду́мать 'to think', говори́ть, сказа́ть, писа́ть, etc., is used with the

Prepositional Case. Before words beginning with a vowel, it usually takes the form об: об уро́ке.

ТЕКСТЫ. TEXTS
I. ПРОФЕССОР И СТУДЕНТ

Небольша́я аудито́рия. Здесь разгова́ривают профе́ссор и студе́нт. Профе́ссор чита́ет рефера́т студе́нта. Он даёт сове́ты студе́нту. Он хо́чет помо́чь студе́нту. Профе́ссор ви́дит, что нау́ка о́чень интересу́ет студе́нта. Он до́лго разгова́ривает со студе́нтом. Он дово́лен студе́нтом. У профе́ссора хоро́шее мне́ние о студе́нте.

ВОПРОСЫ И ОТВЕТЫ. QUESTIONS AND ANSWERS

— Что чита́ет профе́ссор? — Рефера́т студе́нта.
— Он разгова́ривает с ученико́м? — Нет, со студе́нтом.
— Кому́ профе́ссор даёт сове́ты? — Студе́нту.
— Студе́нта интересу́ет нау́ка? — Да, интересу́ет.
— Профе́ссор дово́лен студе́нтом? — Да, дово́лен.
— У профе́ссора хоро́шее мне́ние о студе́нте? — Да, у него́ хоро́шее мне́ние о студе́нте.

СЛОВА. WORDS

профе́ссор professor
небольш‖о́й, -а́я, -о́е, -и́е small
аудито́рия lecture hall
разгова́ривать I (разгова́рива‖ю, -ешь) to speak, to converse, to talk
рефера́т paper
дава́ть I (да‖ю́, -ёшь) to give
сове́т advice
помога́ть I (помога́‖ю, -ешь) (+ dat.) to help

помо́чь I p (fut. помогу́, помо́жешь, past помо́г, помогл‖а́, -о́, -и́) (+ dat.) to help
ви́деть II (ви́жу, ви́дишь) to see
что conj. that
нау́ка science
интересова́ть I (интересу́‖ю, -ешь) to interest
мне́ние opinion
дово́лен, дово́льн‖а, -о, -ы is (am, are) glad

II. ГОРОД КОМСОМОЛЬСК

Комсомо́льск — молодо́й дальневосто́чный го́род. Интере́сна исто́рия го́рода Комсомо́льска. Назва́ние го́роду дала́ сове́тская молодёжь. Это она́ постро́ила го́род Комсомо́льск. Го́родом управля́ет городско́й сове́т. Газе́ты мно́го писа́ли о го́роде Комсомо́льске. Тепе́рь э́то кру́пный промы́шленный и культу́рный центр.

ВОПРОСЫ И ОТВЕТЫ. QUESTIONS AND ANSWERS

— Комсомо́льск — ста́рый го́род? — Нет, но́вый.
— Кто постро́ил го́род Комсомо́льск? — Сове́тская молодёжь.
— Вы бы́ли в Комсомо́льске? — Нет, не́ был, но мно́го чита́л о Комсомо́льске.

СЛОВА. WORDS

дальневосто́чн‖ый, -ая, -ое, -ые of the Far East
исто́рия history
назва́ние name
сове́тск‖ий, -ая, -ое, -ие Soviet (attr.)
молодёжь f youth
управля́ть I (управля́‖ю, -ешь) to administer
городск‖о́й, -а́я, -о́е, -и́е city, town (attr.)
сове́т Soviet, council
кру́пн‖ый, -ая, -ое, -ые big
промы́шленн‖ый, -ая, -ое, -ые industrial
культу́рн‖ый, -ая, -ое, -ые cultural

УПРАЖНЕНИЯ. EXERCISES

1. Answer the following questions on the first text:

    1. Кто разгова́ривает?
    2. Чей рефера́т чита́ет профе́ссор?
    3. Кому́ хо́чет помо́чь профе́ссор?
    4. Кого́ интересу́ет нау́ка?
    5. С кем до́лго разгова́ривает профе́ссор?
    6. Кем он дово́лен?
    7. О ком у профе́ссора хоро́шее мне́ние?

2. Answer the following questions on the second text:

    1. Чья исто́рия (исто́рия чего́) интере́сна?
    2. Чему́ дала́ назва́ние молодёжь?
    3. Что постро́ила молодёжь?
    4. Чем управля́ет городско́й сове́т?
    5. О чём писа́ли газе́ты?

3. Give the nouns in brackets their correct case forms:

1. Я разгова́риваю с (оте́ц). 2. Мы ду́мали об (уро́к). 3. Вы идёте с (брат) в кино́. 4. Мы говори́ли о (теа́тр). 5. Газе́ты писа́ли о (мир). 6. Я уви́дел стол со (стул). 7. Расскажи́те о (Ленингра́д). 8. Я люблю́ ко́фе с (молоко́). 9. Вот чай с (са́хар).

4. Conjugate the perfective verb *помо́чь* and the imperfective verb *помога́ть* 'to help'.

5. Translate into Russian:

1. The student spoke to the professor. 2. The professor had read his paper. 3. He has a good opinion of the student. 4. Komsomolsk is a large Far-East city. 5. It is quite a young city. 6. Soviet youth gave the city its name.

6. Copy out from the Texts the adjectives with nouns qualified by them. State their gender.

Example: но́вый дом *m*

7. Learn the Texts by heart.

УРОК ТРИДЦАТЬ ПЯ́ТЫЙ
LESSON THIRTY-FIVE

> First Declension of Nouns (Hard Declension) in the Plural
> The Prepositions к, по and у
> The Verbs дава́ть and дать

ГРАММА́ТИКА. GRAMMAR

1. First Declension of Nouns (Hard Declension) in the Plural. —

Case	Masculine Gender		Neuter Gender
	Animate	Inanimate	
N.	студе́нты	заво́ды	слова́
G.	студе́нтов	заво́дов	слов
D.	студе́нтам	заво́дам	слова́м
A.	студе́нтов	заво́ды	слова́
I.	студе́нтами	заво́дами	слова́ми
Pr.	(о) студе́нтах	(о) заво́дах	(о) слова́х

1) Masculine nouns denoting animate beings have the same form in the Accusative as in the Genitive.

2) Masculine nouns denoting inanimate objects and neuter nouns have the same form in the Accusative as in the Nominative.

3) Masculine nouns ending in the plural in -a (лес — леса́) are declined in the same way as those ending in -ы.

4) Masculine nouns ending in **г, к, х** or **ж, ч, ш, щ** in the Nominative singular take **-и** instead of **-ы** in the Nominative plural: стано́к — станки́, нож — ножи́.

5) Neuter nouns have no ending in the Genitive plural.

> Note. — In the Genitive plural noun **окно́** has the form **о́кон**.

6) When a noun changes from singular to plural, the accent may change its place: it may pass from the root on to the ending: *N. sing.* го́род, *N. pl.* города́, *G. pl.* городо́в, etc., or from the ending on to the root: *N. sing.* окно́, *N. pl.* о́кна, *G. pl.* о́кон, etc.

2. The Prepositions *к, по* **and** *у*. — The prepositions **к** 'to' and **по** 'in', 'along', 'about', 'according to' are used with a noun in the Dative:

Я иду́ к бра́ту.	I am going *to* (my) brother.
Я рабо́таю по утра́м.	I work *in* the morning(s).
Он идёт по го́роду.	He is walking *about* the town.

The preposition **у** is always followed by the Genitive:

У Ле́ны хоро́ший го́лос.   Lena has a fine voice.

3. Peculiarities in the Conjugation of the Verbs *дава́ть* **and** *дать* **'to give'**. — a. The verb **дава́ть** has the stem **да-** in the Present Tense (see Lesson 19): даю́, даёшь, даёт, даём, даёте, даю́т.

b. The verb **дать** has a special irregular conjugation in the Future Tense:

я дам	мы дади́м
ты дашь	вы дади́те
он, она́ даст	они́ даду́т

Both verbs may have an indirect object in the Dative Case without a preposition:

Я дава́л **това́рищам** но́вые журна́лы.	I gave the comrades new magazines.
Я дал **това́рищам** но́вые журна́лы.	I have given the comrades new magazines.

ТЕКСТЫ. TEXTS

I. СОВЕТСКИЕ СТУДЕНТЫ

Ка́ждый год но́вые студе́нты заполня́ют сове́тские ву́зы и те́хникумы. У студе́нтов большо́й интере́с к нау́ке. Ву́зы и техникумы дают студентам большие знания. Лучшие профессора читают студентам лекции.

Университеты, институты и техникумы готовят студентов к труду. Они готовят специалистов. Преподаватели проводят со студентами практические занятия. Многие рабочие и служащие посещают вузы и техникумы по вечерам.

Студенты получают стипендии и общежития.

ВОПРОСЫ И ОТВЕТЫ. QUESTIONS AND ANSWERS

— Кто читает студентам лекции? — Лучшие профессора.
— Кого готовят вузы и техникумы? — Они готовят специалистов.
— Кто проводит практические занятия со студентами? — Преподаватели.
— Кто посещает вузы и техникумы по вечерам? — Многие рабочие и служащие.
— Какие знания дают студентам вузы и техникумы? — Большие.

СЛОВА. WORDS

заполнять I (заполня‖ю, -ешь), заполнить II p (fut. заполн‖ю, -ишь) to fill
вуз (= высшее учебное заведение) higher school
техникум technical secondary school
знания pl. knowledge
лекция lecture
институт college
труд work
специалист specialist, expert
преподаватель m teacher
проводить II (провожу, проводишь) to conduct

практическ‖ий, -ая, -ое, -ие practical
занятия pl. studies
многие many
служащий m, служащая f (pl. -ие) employee, office worker
посещать I (посеща‖ю, -ешь), посетить II p (fut. посещу, посетишь) to go to, to visit
стипендия scholarship (fixed state allowance to an ungraduate)
общежитие students hostel

ВЫРАЖЕНИЕ. EXPRESSION

читать лекции to deliver lectures

II. НОВЫЕ ГОРОДА И СЁЛА В СССР

В СССР быстро выросли новые города и сёла.

Идёт дальнейшее строительство городов и сёл. Современная техника позволяет строить города и сёла очень быстро.

К сёлам ведут новые железные дороги и шоссе. Они связывают новые сёла и деревни с городами.

Мы много слышали по радио о городах и сёлах СССР.

СЛОВА. WORDS

село (*pl.* сёла) village
вырасти I *p* (*fut.* выраст‖у, -ешь, *past* вырос, -ла, -ло, -ли) to grow up
идти (ид‖ёт, -ут) to go on, to continue
и also
дальнейш‖ий, -ая, -ее, -ие further
строительство construction
современн‖ый, -ая, -ое, -ые modern
техника technique
позволять I (позволя‖ю, -ешь), позволить II *p* (*fut.* позвол‖ю, -ишь) to permit

вести I (вед‖у, -ёшь, *past* вёл, вел‖а, -о, -и) to lead
железн‖ый, -ая, -ое, -ые iron (*attr.*)
дорога road; железная ~ railway
шоссе (*not declined*) highway
связывать I (связыва‖ю, -ешь), связать I *p* (*fut.* свяжу, свяжешь) to connect
слышать II (слыш‖у, -ишь) to hear
по радио over the radio

УПРАЖНЕНИЯ. EXERCISES

1. Answer the following questions on the Texts:

I. 1. Кто заполняет каждый год советские вузы и техникумы?

2. У кого большой интерес к науке?

3. Кому дают вузы хорошие знания?

4. Кому читают лекции профессора?

5. Кого готовят вузы к труду?

6. С кем проводят преподаватели практические занятия?

II. 1. Какое строительство (строительство чего) идёт в СССР?

2. Что позволяет быстро строить современная техника?

3. Куда (к чему) ведут новые железные дороги?

4. С чем связывают железные дороги и шоссе новые сёла и деревни?

5. О чём мы слышали по радио?

2. Copy the following, giving the nouns in brackets their correct forms:

1. Профессор даёт советы (студенты). 2. Студенты идут к (профессор). 3. Мы помогаем (товарищи). 4. Товарищ Иванов рассказал об (университеты) и (институты) в СССР. 5. Он хорошо знает Московский (университет) и его (сту-

де́нты). 6. Это кни́ги (ученики́)? 7. Я хожу́ в теа́тр с (това́рищи). 8. Мы говори́ли о (города́) и (сёла). 9. Желе́зные доро́ги свя́зывают сёла с (города́). 10. Мы гуля́ли по (леса́) и (луга́). 11. Мой друг е́здил по (города́) СССР. 12. Я смотрю́ телеви́зор по (вечера́).

3. Point out: a. the different suffixes in the following corresponding imperfective and perfective verbs:

1. заполня́ть — запо́лнить, 2. позволя́ть — позво́лить, 3. предусма́тривать — предусмотре́ть, 4. свя́зывать — связа́ть.

b. the difference between the verbs:

1. расти́ — вы́расти, 2. дава́ть — дать.

4. Group together the words having the same root:

го́род, по́лный, интересова́ть, гото́в, знать, жить, стро́ить, интере́сный, городско́й, гото́вить, сове́т, заполня́ть, зна́ние, общежи́тие, строи́тельство, сове́тский.

5. Insert instead of the dots a suitable verb in the Past Tense from those given below:

позво́лить, постро́ить, вы́расти.

1. На́ши рабо́чие ... э́тот дом о́чень бы́стро. 2. Мать ... сы́ну идти́ гуля́ть. 3. Здесь ... большо́е де́рево.

6. Change the verbs you have used in Ex. 5 in the Past Tense, to the Future Tense.

7. a. Memorize the Questions and Answers.
 b. Give other answers to the Questions.

8. Learn the Texts by heart.

УРОК ТРИДЦАТЬ ШЕСТОЙ
LESSON THIRTY-SIX

> First Declension of Nouns (Continued):
> Soft and Mixed Declensions

ГРАММАТИКА. GRAMMAR

First Declension of Nouns (Continued). — a. Soft Declension. — Masculine nouns ending in a soft consonant (spelt with a consonant + ь) and neuter nouns ending in -e belong also to the first declension, forming its soft type, for instance, **гость** 'guest', **по́ле** 'field':

Case	Masculine		Neuter	
	Singular	Plural	Singular	Plural
N.	гость	го́сти	по́ле	поля́
G.	го́стя	госте́й	по́ля	поле́й
D.	го́стю	гостя́м	по́лю	поля́м
A.	го́стя	госте́й	по́ле	поля́
I.	го́стем	гостя́ми	по́лем	поля́ми
Pr.	(о) го́сте	(о) гостя́х	(о) по́ле	(о) поля́х

1) Don't forget that masculine nouns denoting animate beings have the same forms for the Accusative and the Genitive, and nouns denoting inanimate things have the same form in the Accusative as in the Nominative.

2) Masculine nouns ending in -й (e. g. геро́й 'hero', музе́й 'museum') also belong to the soft declension. Their declension differs from those ending in a soft consonant only in the Genitive plural which has the ending -ев and not -ей: геро́ев, музе́ев.

b. Mixed Declension. — Masculine and neuter nouns with the stem ending in ж, ч, ш, щ or ц belong to the hard declension, but in the Instrumental Case singular an unstressed ending is spelt -ем (and not -ом): това́рищем, иностра́нцем; independent of the stress, nouns whose stem ends in ж, ч, ш or щ take the ending -ей (of the soft declension) in the Genitive plural (and the Accusative plural if they denote animate beings), and not -ов: ноже́й, карандаше́й, това́рищей, враче́й; nouns with the stem ending in ц have the ending -ев, and not -ов, when unstressed: Nom. sing. иностра́нец — Gen. pl. иностра́нцев.

СЛОВА. WORDS

музе́й museum
иностра́нец (*gen.* иностра́нца, *pl.* иностра́нцы) foreigner

ТЕКСТЫ. TEXTS

I. МОСКОВСКИЙ КРЕМЛЬ

Московский Кремль — старинная русская крепость. Стены и башни Кремля построены очень давно. Талантливые архитекторы придали Кремлю неповторимый вид. С Кремлём связана история города и народа. Очень интересны рассказы о Кремле. Советские люди и иностранные туристы часто посещают Кремль — самый интересный из музеев Москвы.

СЛОВА. WORDS

московск‖ий, -ая, -ое, -ие Moscow (attr.)
старинн‖ый, -ая, -ое, -ые ancient, old
крепость f fortress
башня tower
построен, -а, -о, -ы is (are) built
талантлив‖ый, -ая, -ое, -ые talented
архитектор architect
придать irr. p (fut. придам, придашь, придаст, придадим, придадите, придадут, past придал, -а, -о, -и), придавать I (прида‖ю, -ёшь) to impart
неповторим‖ый, -ая, -ое, -ые unique
вид aspect, appearance
связан, -а, -о, -ы is (are) linked
народ people
иностранн‖ый, -ая, -ое, -ые foreign

II. ИНОСТРАННЫЕ ГОСТИ

Иностра́нные го́сти — тури́сты — ча́сто посеща́ют колхо́з «Но́вая жизнь». Прие́зд госте́й-иностра́нцев ра́дует колхо́зников. Они́ пока́зывают гостя́м колхо́зные поля́ и фе́рмы. Колхо́зная те́хника, обрабо́тка поле́й, колхо́зные фе́рмы о́чень интересу́ют госте́й. Го́сти тепло́ приве́тствуют Геро́ев социалисти́ческого труда́¹. Колхо́зники с интере́сом бесе́дуют с гостя́ми. Они́ ча́сто пото́м вспомина́ют о гостя́х.

СЛОВА. WORDS

прие́зд arrival
ра́довать I (ра́ду‖ю, -ешь), обра́довать I p (fut. обра́ду‖ю, -ешь) (+ Acc.) to make glad
колхо́зник collective farmer
пока́зывать I (пока́зыва‖ю, -ешь), показа́ть I p (fut. покажу́, пока́жешь) (+ Acc., Dat.) to show
колхо́зн‖ый, -ая, -ое, -ые the collective farm, kolkhoz (attr.)
фе́рма farm
те́хника machinery

обрабо́тка cultivation
тепло́ adv. warmly
приве́тствовать I (приве́тству‖ю, -ешь) to greet
социалисти́ческ‖ий, -ая, -ое, -ие socialist
интере́с interest
бесе́довать I (бесе́ду‖ю, -ешь), побесе́довать I p (fut. побесе́ду‖ю, -ешь) to converse
вспомина́ть I (вспомина́‖ю, -ешь) to remember

ВЫРАЖЕНИЕ. EXPRESSION

придава́ть (прида́ть) вид   to impart an aspect

ПРИМЕЧАНИЕ. NOTE

[1] **Геро́й социалисти́ческого труда́** — a title awarded to citizens of the U.S.S.R. for outstanding contribution to the development of the national economy, science or technique.

УПРАЖНЕНИЯ. EXERCISES

1. Copy out the following, giving the nouns in brackets their correct form:

1. Мы мно́го чита́ли о (Кремль). 2. Студе́нты тепло́ приве́тствовали (го́сти). 3. Я до́лго говори́л с (това́рищ). 4. Я ви́дел (геро́и) Ленингра́да. 5. Мы бы́ли в (музе́и) Москвы́. 6. На (поля́) растёт пшени́ца. 7. Тури́сты бы́стро е́хали на (автомоби́ли). 8. Ле́том я ви́дел здесь (иностра́нцы). 9. Мы получи́ли пи́сьма от (това́рищи).

2. Ask questions on the sentences of Text II containing the word *гость*, using the interrogative pronoun *кто* in the proper case.

Example: Кто часто посещает колхоз «Новая жизнь»?

3. Decline the noun *море* on the model of *поле*.

4. What is the difference between the imperfective and perfective verbs in the vocabularies of this lesson?

5. Pick out from the Text «Иностранные гости» words with the same root as the following:

a. жить, работа, привет, беседа.

and out of the Text «Московский Кремль» those having the same root as:

b. старый, дать, повторить, рассказывать, иностранец.

6. Insert one of the following adverbs instead of the dots:

долго, часто, тепло.

1. Мы .. ходим в театр. 2. Я... жила на Кавказе. 3. Он очень ... говорил с гостями.

7. What question does each word in the following sentence answer?

Колхозники показывают гостям зелёные поля.

8. Learn the Texts by heart.

УРОК ТРИДЦАТЬ СЕДЬМОЙ
LESSON THIRTY-SEVEN

> Second Declension of Nouns: Hard Declension in the Singular
> Instrumental Case denoting the Instrument
> The Prepositions **в** and **на**
> The Verbs **ходить** and **идти**

ГРАММАТИКА. GRAMMAR

1. Second Declension of Nouns: Hard Declension in the Singular. — This declension comprises feminine nouns ending in -a:

Case	Animate	Inanimate
N.	же́нщина	страна́
G.	же́нщины	страны́
D.	же́нщине	стране́
A.	же́нщину	страну́
I.	же́нщиной	страно́й
Pr.	(о) же́нщине	(о) стране́

1) Feminine nouns denoting both animate beings and inanimate objects have the ending -у in the Accusative.

2) The Instrumental Case may have also the ending **-ою**.

3) Nouns having г, к, х or ж, ч, ш, щ before the ending take the ending -и in the Genitive and not -ы (according to spelling rules): N. река́, Gen. реки́.

4) A few masculine nouns ending in -а, for instance, **мужчи́на** 'man', are declined like feminine nouns of this type.

2. Instrumental Case denoting the Instrument. — A noun in the Instrumental Case without a preposition may be used to denote the Instrument used to perform an action:

Я пишу́ **перо́м**.	I write *with a pen*.
Он рису́ет **карандашо́м**.	He is drawing *with a pencil*.

As you see, the preposition 'with' is used in the translation.

3. The Prepositions *в* **and** *на*. — 1. These prepositions may be used to indicate the place where something or someone is present, or the direction of movement. When they are used to indicate presence in a place, the noun which they govern is in the Prepositional Case and answers the question **где?** 'where?':

Де́ти бы́ли **в шко́ле**. (Где бы́ли де́ти?)	The children were *at school*. (*Where* were the children?)
Кни́га была́ **на столе́**. (Где была́ кни́га?)	The book was *on the table*. (*Where* was the book?)

2. If movement is indicated, the noun governed by these prepositions is in the Accusative and answers the question **куда́?** 'where (to)?':

Дети идут в школу. (Куда идут дети?)	The children are going *to school*. (*Where* are the children going?)
Он положил книгу на стол. (Куда он положил книгу?)	He put the book *on the table*. (*Where* did he put the book?)

3. There are some masculine nouns which when used in the Prepositional Case with the prepositions **в** or **на** take the ending **-у** (hard declension) and **-ю** (soft declension) instead of **-е**. Compare:

о са́де   but в саду́
о кра́е   but на краю́, в краю́

4. The Verbs *ходи́ть* **and** *идти́*. — The verb **ходи́ть** is translated into English in the same way as the verb **идти** — by the verbs 'to go', 'to walk', but these two verbs have different meaning: **ходи́ть** means 'to go' in general:

В СССР все дети ходят в школу.	In the U.S.S.R. all children *go* to school.

or a repeated action:

Мы часто ходим в театр.	We often *go* to the theatre.

The verb **идти**, on the contrary, means 'to go at a given time':

Сейча́с дети идут в школу.	The children *are going* to school *now*.

The verb **ходи́ть** and the verbs derived from it, for instance, **находи́ть** change the **д** of the root into **ж** in the 1st person singular of the Present Tense: хожу́, нахожу́.

The forms of the verb **идти** in the Past Tense are:

шёл *m*, шла *f*, шло *n*, шли *pl*.

СЛОВА. WORDS

же́нщина woman
мужчи́на *m* man
в in, into, at, to
на on, at, to
куда́? where (to)?

положи́ть II *p* (*fut*. положу́, поло́жишь) to put (*horizontally*)
край 1. edge; 2. region
ходи́ть II (хожу́, хо́дишь) to go, to walk

ТЕКСТЫ. TEXTS
I. ШКОЛА В СЕЛЕ

У нас в селе Иванове построена новая школа. Здание школы большое и светлое. Школе принадлежит небольшой участок земли на краю села. На участке рядом со школой сад и поле, школьники выращивают цветы, овощи, фрукты. Все дети колхозников ходят в школу.

В школе работают разные кружки. Одни дети любят музыку — они посещают музыкальный кружок и поют в хоре. Другие ходят в агрономический кружок. Они с интересом изучают почву и разные растения. Есть ещё технический кружок. Здесь школьники изучают технику и работают на станках. Эти станки, а также инструменты подарил школе один московский завод.

В школе хорошая библиотека и физкультурный зал.

СЛОВА. WORDS

здание building
принадлежать II (принадлежит) to belong
участок (*gen*. участка, *pl*. участки) plot
рядом с (+ *instr*.) beside, close to
выращивать I (выращива‖ю, -ешь) to grow
те же... что the same... as
разн‖ый, -ая, -ое, -ые various
кружок (*gen*. кружка, *pl*. кружки) circle, society
одни... другие... some... others...
музыка music
музыкальн‖ый, -ая, -ое, -ые musical
агрономическ‖ий, -ая, -ое, -ие agronomical
почва soil
техническ‖ий, -ая, -ое, -ие technical
школьник schoolboy
инструмент tool
дарить II (дарю, даришь), подарить II *p* (*fut*. подарю, подаришь) to present to
библиотека library
физкультурный зал gymnasium

II. РАЗГОВОР ШКОЛЬНИЦ

— Куда ты идёшь, Вера?
— На занятия кружка рукоделия.
— Ты умеешь вышивать?
— Нет, я умею вязать.
— Чем ты вяжешь? Крючком или спицами?
— Крючком.
— Ты любишь вязать?
— Да. А ты, Валя, любишь вязать крючком?

— Нет, я люблю шить и вышивать. И ещё я люблю рисовать красками.

СЛОВА. WORDS

рукоделие needle-work, knitting, crocheting, etc.
уметь I (уме́||ю, -ешь) to know (how to do something), can
вышивать I (вышива́||ю, -ешь) to embroider
вязать I (вяжу́, вя́жешь) to knit, to crochet

крючо́к (*gen.* крючка́, *pl.* крючки́) a crochet-needle
спи́цы *pl.* knitting-needles; **спи́цами** with knitting-needles
шить I (шью, шьёшь) to sew

УПРАЖНЕНИЯ. EXERCISES

1. Answer the following questions on the Text:

   1. Где выстроена новая школа?
   2. Что принадлежит школе?
   3. Что выращивают школьники?
   4. Какие кружки работают в школе?
   5. Что изучает агрономический кружок?
   6. Что подарил школе один московский завод?
   7. Какая библиотека в школе?

2. a. Insert instead of the dots the verb *идти* or *ходить* in the Present Tense (according to the meaning of the sentences):

   1. а) Сейчас мы ... в театр. б) Мы часто ... в театр.

2. а) Куда́ вы ... ка́ждый день? б) Куда́ вы сейча́с ...?
3. а) Смотри́те: де́ти ... гуля́ть в парк. б) Де́ти ча́сто ... гуля́ть в парк. 4. а) Ве́ра ка́ждое у́тро ... в магази́н. б) Сейча́с Ве́ра ... в магази́н. 5. а) Ю́рий всегда́ ... бы́стро. б) Сейча́с он то́же ... бы́стро.

b) Insert the same verbs in the Past Tense where possible.

3. Use the nouns in brackets in the correct case:

1. Я чита́ю (кни́га) и (журна́л). 2. Мы изуча́ем (грамма́тика). 3. Мой оте́ц лю́бит (му́зыка). 4. Он ча́сто говори́т о (му́зыка). 5. Я был в (библиоте́ка). 6. Мы ча́сто хо́дим в (библиоте́ка). 7. Я подари́л (кни́га) (сестра́). 8. Мы е́дем в (Москва́). 9. Я иду́ по (у́лица). 10. По (у́лица) е́дут маши́ны. 11. Мой друг говори́л с (Ве́ра). 12. Мы говори́ли о (шко́ла). 13. Брат (Ле́на) рабо́тает в Ки́еве. 14. Это письмо́ от (учи́тельница). 15. Ма́ленькая Ни́на уже́ уме́ет вяза́ть (крючо́к).

4. In which cases is the word *шко́ла* used in the Text?

5. Decline the noun *кни́га* in the singular.

6. Pick out from the Dialogue the nouns in the Instrumental.

7. Translate into Russian:

1. "With what are you writing now?" "I am writing with a pen." 2. Victor is writing with a pencil. 3. My mother knits very well. 4. He draws with a pen.

8. Retell the first Text.

9. Describe the school you go (or went) to.

УРОК ТРИДЦАТЬ ВОСЬМОЙ
LESSON THIRTY-EIGHT

> 2nd Declension of Nouns (Continued):
>   Hard Declension in the Plural
> Common Gender Nouns
> The Prepositions **среди́** and **за**

ГРАММА́ТИКА. GRAMMAR

1. 2nd Declension of Nouns (Continued): **Hard Declension**

in the Plural. — This declension comprises feminine nouns ending in -a:

Case	Animate	Inanimate
N.	же́нщины	стра́ны
G.	же́нщин	стран
D.	же́нщинам	стра́нам
A.	же́нщин	стра́ны
I.	же́нщинами	стра́нами
Pr.	(о) же́нщинах	(о) стра́нах

1) The hard declension of feminine nouns in the plural differs from the hard declension of masculine nouns (of the type **студе́нт, заво́д**) only in the Genitive Case, which has no ending.

2) The Accusative plural of nouns denoting animate beings has the same form as the Genitive; the Accusative plural of nouns denoting inanimate things has the same form as the Nominative.

3) If the stem of a feminine noun has two consonants before the ending -а, an **о** is inserted between them in the Genitive plural: Nom. sing. студе́нтка — Gen. pl. студе́нток.

4) If a noun has **г, к, х** or **ж, ч, ш, щ** before the ending -а, it takes the ending -и and not -ы (**ре́ки**) in the Nominative and Accusative plural.

2. Common Gender Nouns. — Many Russian nouns designating professions and having the form of masculine nouns may be applied to women without any change of form: **профе́ссор** 'professor', **учёный** 'scientist', **врач** 'physician', **до́ктор** 'doctor', **архите́ктор** 'architect', **инжене́р** 'engineer', etc.

Моя́ мать — врач.   My mother is a doctor.
Его́ сестра́ — инжене́р.   His sister is an engineer.

3. The Prepositions *среди́* **and** *за.* — The preposition **среди́** 'among' is used with the Genitive.

Я был **среди́** студе́нтов.   I was *among* students.

The preposition **за** in the meaning of 'for' is always used with the Accusative Case:

Борьба́ **за** мир.   The struggle *for* peace.

ТЕКСТ. TEXT
СОВЕТСКИЕ ЖЕНЩИНЫ

В СССР женщины имеют такие же права, как и мужчины[1]. Советские люди уважают труд женщин. Среди женщин в СССР есть учёные, инженеры, архитекторы, много врачей, агрономов. Советский народ доверяет женщинам высокие посты. Население выбирает женщин в органы управления. Советские женщины, вместе с женщинами других стран, участвуют в борьбе за мир, в борьбе за жизнь и счастье детей. Они верят, что мир победит войну.

Есть прекрасные книги о женщинах в наши дни, о достижениях женщин в труде, науке и искусстве.

СЛОВА. WORDS

иметь I (име́||ю, -ешь) to have
такой, -а́я, -о́е, -и́е such; ~ же the same
пра́во (pl. -á) right
уважа́ть I (уважа́||ю, -ешь) to respect
среди́ (+ gen.) among
учёный (pl. -ые) scientist
агроно́м agronomist
доверя́ть I (доверя́||ю, -ешь), доверить II p (fut. дове́р||ю, -ишь) to entrust
пост post
населе́ние population
выбира́ть I (выбира́||ю, -ешь), вы́брать I p (fut. вы́бер||у, -ешь) to elect; to choose

о́рган organ
управле́ние government
уча́ствовать I (уча́ству||ю, -ешь) to participate
борьба́ struggle
ве́рить II (ве́р||ю, -ишь), пове́рить II p (fut. пове́р||ю, -ишь) to believe
победи́ть II p (fut. победи́шь, -и́т), побежда́ть I (побежда́||ю, -ешь) to vanquish
война́ (pl. во́йны) war
достиже́ние achievement
иску́сство art

ПРИМЕЧАНИЕ. NOTE

[1] Don't confuse the words челове́к, мужчи́на and муж. Челове́к is a human being in general, whether a man or a woman:

  Он хоро́ший челове́к.   He is a good person.
  Она́ хоро́ший челове́к.   She is a good person.
  мужчи́на means 'man', муж — 'husband'.

УПРАЖНЕНИЯ. EXERCISES

1. In which cases is the noun *же́нщина* used in the Text?
2. Answer the following questions on the Text:

 1. Чей труд уважают советские люди?

2. Кому́ доверя́ет сове́тский наро́д высо́кие посты́?
3. Кого́ выбира́ет населе́ние в о́рганы управле́ния?
4. Вме́сте с кем уча́ствуют сове́тские же́нщины в борьбе́ за мир?
5. О ком есть хоро́шие кни́ги?

3. a. What is the difference between the following imperfective and perfective verbs.

доверя́ть — дове́рить, ве́рить — пове́рить.

b. Form their Future Tense.

4. Insert instead of the dots the word *шко́ла* in the correct case of the plural:

1. Эти рабо́чие стро́ят ... . 2. Де́ти хо́дят в ... . 3. В ... есть библиоте́ки. 4. Писа́тели подари́ли ... но́вые кни́ги. 5. Ученики́ ... изуча́ют иностра́нные языки́. 6. Ря́дом со ... есть сады́.

5. Find in the Text words having the same root as the following:

ве́рить, село́, жена́, учи́ть, пра́во.

УРО́К ТРИ́ДЦАТЬ ДЕВЯ́ТЫЙ
LESSON THIRTY-NINE

> Names of the Days of the Week; their Uses with the Prepositions в, по, к
> The Preposition по́сле

ГРАММА́ТИКА. GRAMMAR

1. Names of the Days of the Week; their Uses with the Prepositions *в, по, к*. —

понеде́льник	Monday	пя́тница	Friday
вто́рник	Tuesday	суббо́та	Saturday
среда́	Wednesday	воскресе́нье	Sunday
четве́рг	Thursday		

You will notice that in Russian the names of days are written with a small letter.

Note the translation of different cases with various prepositions:

в (or во) + Acc. sing.　　　　　　　　on + sing.

Мы работаем в понедельник, во вторник, в среду, в четверг и в пятницу.
We work *on* Monday, *on* Tuesday, *on* Wednesday, *on* Thursday and *on* Friday.

Мы отдыхаем в субботу и в воскресенье.
We rest *on* Saturday and *on* Sunday.

по + Dat. pl.　　　　　　　　　　　　{ on + pl.
　　　　　　　　　　　　　　　　　　　'every'

По субботам я хожу в театр.
I go to the theatre *on* Saturdays.
I go to the theatre *every* Saturday.

к (or ко) + Dat. sing.　　　　　　　　by + sing., for + sing.

Я сделаю это ко вторнику.
I shall have done it *by* Tuesday.

2. The Preposition *после*. — This preposition is often used to indicate time; it governs the Genitive:

Мы будем дома после обеда.　　We shall be at home *after* dinner.

ТЕКСТ. TEXT

РАЗГОВОР ПОДРУГ

— Лена, какой у нас сегодня день?
— Разве ты не знаешь, Таня?
— Да, вдруг **забыла**: вторник или среда?
— Среда, конечно.
— Уже! Не может быть!
— Вот, посмотри в календаре: в понедельник мы были в библиотеке. Это было позавчера.
— Ах, да, помню: в понедельник после работы мы ходили в библиотеку.
— А вчера, во вторник, мы были вечером в Доме культуры[1].
— И слушали там концерт.
— По вторникам там всегда концерты.

— А по средам лекции. Сегодня там лекция об искусстве.
— Значит, завтра уже четверг.
— Как быстро идёт время!
— А ты не забудешь, что в воскресенье твой день рождения? Ты всё забываешь!
— Нет, что ты! Разве это можно забыть!
— У тебя, наверно, будут гости?
— Конечно, будет много гостей. К воскресенью всё у нас должно быть готово.
— Лучше всё купить в пятницу или в субботу.
— А в воскресенье утром будем печь² пироги!
— Пироги испечём самые вкусные.
— И вечером потанцуем.

СЛОВА. WORDS

разговор conversation
подруга friend (*feminine*)
разве really?
вдруг suddenly
забыть I *p* (*fut.* забуд‖у, -ешь), забывать I (забыва‖ю, -ешь) to forget
календарь *m* calendar
помнить II (помн‖ю, -ишь) to remember
после (+ *gen.*) after
значить II (знач‖у, -ишь) to mean, значит it means
рождение birth, день рождения birthday

всё everything
купить II *p* (*fut.* куплю, купишь), покупать I (покупа‖ю, -ешь) to buy
утром in the morning
печь I (пеку, печёшь, *past* пёк, пекл‖а, -о, -и), испечь I *p* (*fut.* испеку, испечёшь, *past* испёк, испек‖ла, -ло, -ли) to bake
пирог (*gen.* -а, *pl.* -и) pie, cake
вкусн‖ый, -ая, -ое, -ые tasty
потанцева́ть I *p* (*fut.* потанцу‖ю, -ешь) to dance (a little, for a while)

ВЫРАЖЕНИЯ. EXPRESSIONS

Какой сегодня день?	What day is it (today)?
Как быстро идёт время!	How time flies!
Что ты!	What do you say!

ПРИМЕЧАНИЯ. NOTES

¹ Дом культуры is a sort of club at a large plant, a kolkhoz, etc.
² печь is one of the few verbs ending in the infinitive in **-чь**.

УПРАЖНЕНИЯ. EXERCISES

1. Answer the following questions:

1. Какой сегодня день?
2. Какой день был вчера?
3. Какой день будет завтра?
4. Позавчера был понедельник или вторник?
5. Послезавтра будет пятница или суббота?

2. Group the words having the same root:

делать, четверг, пять, среда, неделя, пятница, четыре, понедельник, среди.

3. Translate into Russian:

1. I went to the cinema after work on Wednesday. 2. On Saturday night (*lit.*: evening) I am going to a concert. 3. What will you be doing on Tuesday and on Thursday? 4. Our teacher gives lessons on Wednesdays and on Fridays. 5. I shall do this exercise by Monday.

4. State the difference between the following imperfective and perfective verbs.

забывать — забыть, печь — испечь, покупать — купить, танцевать — потанцевать, приготовлять — приготовить.

5. Conjugate the perfective verbs in the following sentences in the Future Tense:

1. Я ничего не забуду.
2. Я испеку пирог.
3. Завтра я немного потанцую.

6. Pick out from the Text the names of the days of the week and state what case they are in.

7. Write a dialogue of your own using the names of the days.

УРОК СОРОКОВОЙ
LESSON FORTY

> 2nd Declension of Nouns (Continued):
>   Soft Declension in the Singular and in the Plural
> The Preposition через

ГРАММАТИКА. GRAMMAR

1. 2nd Declension of Nouns (Continued): Soft Declension in the Singular and in the Plural. — This declension comprises feminine nouns (and some masculine nouns) ending in -я in the Nominative singular, for instance, **няня** 'nurse', **неделя** 'week':

Case	Animate		Inanimate	
	Singular	Plural	Singular	Plural
N.	няня	няни	неделя	недели
G.	няни	нянь	недели	недель
D.	няне	няням	неделе	неделям
A.	няню	нянь	неделю	недели
I.	няней	нянями	неделей	неделями
Pr.	(о) няне	(о) нянях	(о) неделе	(о) неделях

1) The Accusative plural of nouns denoting animate beings is identical with the Genitive plural; the Accusative plural of nouns denoting inanimate things is identical with the Nominative plural.

2) If the stem of a noun ends in two consonants, e. g. земля, **е** is inserted between them in the Genitive plural: земе́ль.

3) When the stress falls on the ending in the Instrumental Case singular, the ending is **-ёй** (and not **-ей**). In books you may also come across the endings **-ею**, **-ёю**: неде́лею, землёю.

2. The Preposition *че́рез*. — After this preposition nouns are always in the Accusative Case. **Че́рез** may be employed to indicate place or time. When indicating place, it corresponds to the English prepositions 'through', 'across, 'via':

Мы пошли́ **че́рез** лес.	We went *through* the forest.
Че́рез ре́ку есть мост.	There is a bridge *across* the river.
Мы прие́хали в Москву́ че́рез Ленингра́д.	We came to Moscow *via* Leningrad.

When indicating time, it is mostly translated by 'in':
Я буду здесь **через неделю**.   I shall be here *in* a week.

ТЕКСТ. TEXT
ИНЖЕНЕР ЛУКИН РАБОТАЛ В ПУСТЫНЕ

Через несколько недель молодой инженер Лукин приедет с юга. Он приедет из Туркмении, из пустыни Каракумы. Инженер Лукин работал на строительстве канала. Это очень большой канал. Он прошёл через пустыню и дал пустыне воду.

Вода преобразила пустыню Каракумы. Пройдёт ещё немного времени, и там, где теперь в пустыне ещё пески, всюду будут зелёные поля и сады.

Советские люди построили уже много каналов. Они преобразили много пустынь. На месте пустынь теперь растёт пшеница, рис, хлопок и виноград, в садах фруктовые деревья. На их ветках поют птицы.

Там, где были пустыни, возникли новые города, сёла и деревни, выросли заводы, фабрики, гидростанции.

Инженер Лукин рад, что он тоже строил канал через пустыню.

СЛОВА. WORDS

пустыня desert
через in (*time*); across (*place*)
несколько a few, some, several
приехать I *p* (*fut.* приед‖у, -ешь) to come (*by some means of transport*)
канал canal
пройти I *p* (*fut.* пройд‖у́, -ёшь, *past* про‖шёл, -шла, -шло, -шли) to go through; to pass
преобразить II *p* (*fut.* преображу́, преобразишь) to transform

песок (*gen.* песка, *pl.* пески) sand
хлопок (*gen.* хлопка, *no pl.*) cotton
рис rice
виноград (*no pl.*) grapes
ветка (*gen. pl.* веток) branch
фруктов‖ый, -ая, -ое, -ые fruit (*attr.*)
возникнуть I *p* (*fut.* возникнет) to spring up

УПРАЖНЕНИЯ. EXERCISES

1. Answer the following questions on the Text:

   1. Когда и откуда приедет инженер Лукин?
   2. Где он работал?
   3. Какой это канал?

4. Где прошёл канал?
5. Что будет там, где теперь ещё пески?
6. Что там растёт?
7. Где возникли новые города?

2. In which cases are the words *пустыня, неделя, деревня* used in the Text?

3. Copy out the following, putting the nouns in brackets in the right case:

1. Колхозники пашут (земля). 2. Туристы шли через (лес). 3. Вчера я видел (Таня). 4. С (Таня) был её брат. 5. Мы говорили о (пустыни). 6. Мой отец едет через (неделя) в (деревня). 7. Отец подарил (Соня) (книга). 8. Железная дорога связывает город с (деревни). 9. Мы пели (песня) о (родина). 10. В (деревни) новые школы.

4. Decline the nouns *школа* and *деревня* in the singular and in the plural. Check your work with the tables in this lesson and in Lessons 37 and 38. Compare the endings.

5. Indicate the tense, the conjugation and the aspect of the verbs in the Text.

Example: написали *past*, I *p.*

6. Insert instead of the dots one of the following perfective verbs in the right form of the Future Tense:

пройти, дать, построить, поехать, преобразить

1. Народ ... здесь канал. 2. Молодой инженер ... на строительство канала. 3. Канал ... пустыне воду. 4. Канал ... пустыню. 5. Канал ... через пустыню.

7. Change the sentences of Exercise 6 in order to use the verbs in the plural.

8. Retell the Text.

УРОК СОРОК ПЕРВЫЙ
LESSON FORTY-ONE

3rd Declension of Nouns
The Prepositions у, вокруг, посреди

ГРАММАТИКА. GRAMMAR

1. 3rd Declension of Nouns. — This declension comprises

feminine nouns ending in a consonant + ь in the Nominative singular.

Case	Singular	Plural	Singular	Plural
N.	пристань	пристани	ночь	ночи
G.	пристани	пристаней	ночи	ночей
D.	пристани	пристаням	ночи	ночам
A.	пристань	пристани	ночь	ночи
I.	пристанью	пристанями	ночью	ночами
Pr.	(о) пристани	(о) пристанях	(о) ночи	(о) ночах

1) A few nouns denoting animate beings and belonging to the 3rd declension have the Accusative Case identical with the Genitive Case in the plural:

        Я люблю лошадей.   I like horses.

2) Nouns ending in -жь, -чь, -шь, -щь take a instead of я in the endings of the Dative, the Instrumental and the Prepositional Case in the Plural.

3) You will notice that nouns belonging to this declension take the same ending, -и, in three cases in the singular: the Genitive, Dative and Prepositional.

2. The Prepositions *у, вокруг, посреди* (or *посредине*). — a) The preposition у always requires the Genitive Case. It may be used to express different meanings:

1) possession (as in the expression у меня есть):

У **детей** были интересные   The children had interesting
книги.   books.

2) place, corresponding to the English prepositions 'at' or 'by':

Ольга стояла **у окна**.   Olga stood *at the window*.
Стол стоит **у окна**.   The table stands *by the window*.

3) being or staying with somebody, corresponding to the English preposition 'at' or 'with':

Я был у **профессора**.   I was *at the professor's* (house).

Я жил ле́том **у роди́телей.**   I stayed *with* my *parents* in summer.

b) **вокру́г** 'round' and **посреди́ (посреди́не)** 'in the middle of' also require the Genitive Case:

Вокру́г до́ма сад.   There is a garden *round the house.*

Стол стои́т **посреди́ ко́мнаты.**   The table stands *in the middle of the room.*

СЛОВА. WORDS

при́стань *f* pier
ло́шадь *f* (*gen. pl.* -е́й) horse
у (+ *gen.*) at, by

вокру́г (+ *gen.*) around
посреди́ (посреди́не) (+ *gen.*) in the middle of

ТЕКСТ TEXT

ДОМ-МУЗЕЙ ЛЕНИНА

Широ́кая ру́сская река́ Во́лга. Го́род Улья́новск, бы́вший Симби́рск. На при́стани мно́го наро́да. К при́стани подхо́дит большо́й бе́лый теплохо́д. В Улья́новске теплохо́д бу́дет стоя́ть до́лго, и пассажи́ры мо́гут осмотре́ть дом-музе́й Ле́нина.

Симби́рск — родно́й го́род Влади́мира Ильича́ Ле́нина. Здесь он жил в де́тстве и ю́ности. Фами́лия его́ отца́ была́ Улья́нов. В па́мять Влади́мира Ильича́ родно́й го́род Ле́нина назва́ли Улья́новском.

Пассажи́ры иду́т в дом-музе́й на у́лицу Ле́нина.

В до́ме семьи́ Улья́новых всё так, как бы́ло при их жи́зни. Оте́ц Ле́нина был учи́телем. Вот его́ кабине́т, его́ кни́ги. У него́ бы́ло мно́го книг.

А вот столо́вая. Посреди́ ко́мнаты стои́т большо́й стол, вокру́г стола́ — сту́лья. У о́кон цветы́. У стены́ стои́т пиани́но. Мать Ле́нина хорошо́ игра́ла и учи́ла му́зыке дете́й. Влади́мир Ильи́ч понима́л и люби́л му́зыку.

Посети́тели иду́т наве́рх, в ко́мнату Ле́нина. У стены́ проста́я желе́зная крова́ть. На э́той крова́ти спал в ю́ности Влади́мир Ильи́ч. Ря́дом с крова́тью, у окна́, стои́т стол. На стене́ по́лка с кни́гами.

Сове́тский наро́д лю́бит и почита́ет Ле́нина. К столе́тию со дня его́ рожде́ния в Улья́новске был со́здан грандио́зный

мемориа́л в его́ па́мять. Дом Улья́новых покры́т стекля́нным футля́ром.

Мно́го-мно́го люде́й ра́зных национа́льностей посеща́ет дом-музе́й Ле́нина в Улья́новске.

СЛОВА. WORDS

бы́вш‖ий, -ая, -ее, -ие former
подходи́ть II (подхожу́, подхо́дишь) to approach
теплохо́д motor ship
пассажи́р passenger
осмотре́ть II p (fut. осмотрю́, осмо́тришь) to see
де́тство childhood
ю́ность f youth

назва́ть I p (fut. назов‖у́, -ёшь) (+ instr.) to call
кабине́т study
столо́вая dining-room
пиани́но indecl. upright piano
посети́тель m visitor
наве́рх up(stairs)
прост‖о́й, -а́я, -о́е, -ы́е plain
крова́ть f bed

почитать I (почита||ю, -ешь) to honour
столетие centenary
создать *irr. p* (*see* дать) to create; создан has been created
грандиозн||ый, -ая, -ое, -ые grand, grandiose
мемориал memorial (*noun*)
покрыт is covered
стеклянн||ый, -ая, -ое, -ые of glass
футляр case
национальность *f* nationality

ВЫРАЖЕНИЕ. EXPRESSION

при жизни in (one's) life-time

УПРАЖНЕНИЯ. EXERCISES

1. Answer the following questions on the Text:

1. Куда подходит теплоход?
2. Где теплоход будет стоять долго?
3. Что могут осмотреть пассажиры?
4. Где жил в детстве и юности В. И. Ленин?
5. Почему город Симбирск назвали Ульяновском?
6. Кем был отец Ленина?
7. Что теперь в доме родителей Ленина?
8. Какие комнаты внизу?
9. Какая комната наверху?
10. Что там стоит?
11. Что создано в Ульяновске к столетию со дня рождения Ленина?
12. Кто посещает дом-музей В. И. Ленина?

2. In which number and case are the nouns *пристань, юность, память, кровать, национальность* used in the Text?

3. Copy out the following, putting the nouns in brackets in the right case:

1. Мы говорили о (жизнь) в (деревня). 2. К (ночь) будет дождь. 3. Мой отец болен и лежит (is lying) в (кровать). 4. Шкаф с (книги) стоит у (стена). 5. У (окно) стоит стол. 6. Где вы жили в (детство) и (юность)? 7. Вокруг (деревня) леса и поля. 8. Посреди (площадь) большой фонтан. 9. Кто вы по (национальность)? — Я русский. 10. Мы стояли на (площадь) в центре (город).

4. Find in the Text words answering the questions *где? куда? когда?*

5. Which questions do the words in thick type answer?

1. К **пристани** подходит **большой белый** теплоход. 2. Пас-

сажи́ры мо́гут осмотре́ть го́род. 3. Оте́ц **Ви́ктора** был **учи́телем**. 4. У него́ бы́ло мно́го книг. 5. Сестра́ **Ле́ны** учи́ла дете́й **му́зыке**. 6. Я люблю́ **му́зыку**.

6. Translate into Russian:

1. The city of Ulyanovsk stands on the bank of the Volga. 2. It is Lenin's native town. 3. There is now a museum in the house where Lenin and his parents lived. 4. In his childhood and youth Lenin lived in Ulyanovsk (Simbirsk). 5. He loved the Volga.

7. Retell the Text.

УРОК СОРОК ВТОРОЙ
LESSON FORTY-TWO

> The Genitive Case with the Prepositions
> для, до, из, мимо, около, от, с

ГРАММАТИКА. GRAMMAR

The Genitive Case with the Prepositions *для* 'for'; *о́коло* 'near', 'by', 'about'; *ми́мо* 'past'; *от* 'from'; *до* 'to', 'as far as', 'before', 'till'; *с* 'from'; *из* 'from', 'out of'.

a. Вот кни́ги для ученико́в.	Here are the books *for* the pupils.
О́коло заво́да большо́й клуб.	There is a large club *near* the works.
Я жил там о́коло го́да.	I stayed there *about* a year.
Мы е́хали ми́мо теа́тра.	We went *past* the theatre.
Я получи́л письмо́ от учи́теля.	I got a letter *from* (my) teacher.
От Волгогра́да до Москвы́ далеко́.	It is a long way *from* Volgograd *to* Moscow.
Я бу́ду до́ма до ве́чера.	I shall be at home *till* the evening.
До уро́ка я бу́ду говори́ть с учи́телем.	*Before* the lesson I shall speak to the teacher.

b. You know the preposition **с** (or **со**) meaning 'with', which is used with the Instrumental Case. The preposition **с** used with the Genitive Case has the meaning 'from' relating to place or 'since' relating to time:

Он берёт книгу с полки.	He takes the book *from* the shelf.
С утра было солнце.	There has been sunshine *since* morning.

If movement from inside something is meant, the preposition **из** 'from', 'out of' is used.

Я взял книгу из шкафа.	I took a book *from* the bookcase.
Я вышел из комнаты.	I went *out of* the room.

ТЕКСТ. TEXT

ВОЛГА

Волга — самая большая река в Европе. Она течёт с севера на юг и впадает в Каспийское море. На берегах Волги стоят большие города — промышленные и культурные центры страны.

Там, где впадает в Волгу река Ока, стоит на горе город Горький. Это большой промышленный город. Здесь жил в детстве и в молодые годы великий русский писатель Максим Горький.

За последнее время на Волге построены мощные гидростанции. Самые большие — недалеко от городов Куйбышева и Волгограда.

Широкий канал соединяет Волгу с Доном. Начало канала — около города-героя Волгограда. Канал имени Москвы[1] соединяет Волгу с Москвой-рекой.

С начала весны и до конца осени по Волге идут теплоходы, пароходы и баржи. Они перевозят с юга на север рыбу, соль, хлеб, овощи и фрукты для населения, а также уголь и нефть для заводов, фабрик и транспорта. С севера на юг идут промышленные товары и лес, нужный для строительства. Огромные плоты плывут мимо городов, сёл и деревень.

Интересно и приятно совершить путешествие по Волге. Многие теплоходы — настоящие дома отдыха. Путешествие можно начинать из Москвы. Обычно теплоход-дом отдыха идёт от Москвы до Волгограда или до Астрахани. Астрахань — последний большой город, последняя остановка на Волге.

СЛОВА. WORDS

Европа Europe
течь I (течёт, текут, *past* тёк, текл‖á, -ó, -и́) to flow
впадать I (впадает) to fall into
стоять II (стоит) *here*: there are
промышленн‖ый, -ая, -ое, -ые industrial
последн‖ий, -яя, -ее, -ие last
мощн‖ый, -ая, -ое, -ые powerful, mighty
соединять I (соединя‖ю, -ешь) to connect
начало beginning
конец (*gen.* конца, *pl.* концы) end
пароход steamer

баржа barge
перевозить II (перевожу, перевозишь) to transport
хлеб *here*: corn
также also; а также and also
транспорт (*no pl.*) transport
товар goods
лес *here:* (*no pl.*) timber
нужн‖ый, -ая, -ое, -ые necessary
плот (*gen.* -á, *pl.* -ы́) raft
настоящ‖ий -ая, -ее, -ие real, veritable
отдых rest
дом отдыха rest home
остановка (*gen. pl.* остановок) stop

ВЫРАЖЕНИЕ. EXPRESSION

за последнее время   lately

ПРИМЕЧАНИЕ. NOTE

[1] Канал имени Москвы — 'the Moskva Canal'; if some site, building or plant is named after a famous person or place, the name is linked to

the noun by the word **и́мени** (Genitive of **и́мя**) which is generally not translated into English. The Moskva Canal was built in 1933—1937.

УПРАЖНЕ́НИЯ. EXERCISES

1. Answer the following questions on the Text:

1. Кака́я са́мая больша́я река́ в Евро́пе?
2. Куда́ впада́ет Во́лга?
3. Каки́е города́ стоя́т на берега́х Во́лги?
4. Где стои́т го́род Го́рький?
5. Где са́мые больши́е гидроста́нции?
6. Каки́е ре́ки соединя́ют кана́лы?
7. Что перево́зят по Во́лге с ю́га на се́вер теплохо́ды, парохо́ды и ба́ржи?
8. Что идёт по Во́лге с се́вера на юг?
9. Где мо́жно начина́ть путеше́ствие по Во́лге?
10. Где после́дняя при́стань на Во́лге?

2. Replace the dots by the appropriate preposition *(из, с or от)*:

1. Та́ня ... бра́том шли ... ле́са. 2. ... по́ля дул ве́тер. 3. Самолёт лети́т ... се́вера на юг. 4. Я получи́л письмо́ ... дере́вни ... колхо́зников. 5. Мы живём недалеко́ ... заво́да. 6. Возьми́те кни́гу ... шка́фа. 7. Приве́т ... това́рища Ивано́ва. 8. Мы вы́шли ... ко́мнаты. 9. ... до́ма до шко́лы недалеко́. 10. Маши́на идёт ... го́рода.

3. Copy out the following, using the nouns in brackets in the proper case: Genitive or Instrumental, according to the context:

1. Я был в теа́тре с (брат). 2. Де́ти бежа́ли с (гора́). 3. Колхо́зники шли с (по́ле) с (пе́сни). 4. Сего́дня воскресе́нье, и я отдыха́ю с (у́тро) до ве́чера. 5. На столе́ стои́т ва́за с (цветы́). 6. Возьми́те цветы́ со (стол).

4. Insert instead of the dots one of the adjectives given below:

большо́й, молодо́й, после́дний, промы́шленный, мо́щный

1. Го́род Го́рький — большо́й ... центр страны́. 2. На Во́лге рабо́тают ... гидроста́нции. 3. Астрахань — ... остано́вка на Во́лге. 4. Это ... го́род. 5. Комсомо́льск — ... дальневосто́чный го́род.

5. Insert instead of the dots one of the verbs given below:

течь, впада́ть, соединя́ть, перевози́ть, плыть

1. Широ́кий кана́л ... Во́лгу с До́ном. 2. По Во́лге ...

огро́мные плоты́. 3. Во́лга ... с се́вера на юг. 4. Теплохо́ды и ба́ржи ... с ю́га на се́вер хлеб, фру́кты и о́вощи. 5. Во́лга ... в Каспи́йское мо́ре.

6. Translate into Russian:

1. There is a large garden around the house. 2. The car goes past the theatre. 3. I was in the country about a week. 4. The aeroplane flew from Leningrad to Moscow (in) about an hour. 5. We saw cities and villages from the plane.

7. Retell the Text.

8. Speak about a large river in your country.

УРО́К СО́РОК ТРЕ́ТИЙ
LESSON FORTY-THREE

> The Preposition **про́тив**
> A Noun in the Genitive Case after another Noun without a Preposition

ГРАММА́ТИКА. GRAMMAR

1. The Preposition *про́тив* is used with the Genitive Case. **Про́тив** has the meaning of 'opposite' or 'against':

Мы живём про́тив теа́тра.	We are living *opposite* the theatre.
Мы про́тив войны́.	We are *against* war.

2. A Noun in the Genitive Case after another Noun without a Preposition. — In a combination of two nouns the second of them is often used in the Genitive Case without a preposition. The Genitive Case here corresponds to the English possessive case or the preposition 'of':

кни́га профе́ссора (**чья кни́га?**)	the professor's book (*whose book?*)
пла́тье сестры́ (**чьё пла́тье?**)	(my) sister's dress (*whose dress?*)
у́лица го́рода (**кака́я у́лица?**)	a street *of* the town (*what street?*)
стена́ ко́мнаты (**кака́я стена́? стена́ чего́?**)	a wall *of* the room (*what wall? a wall of what?*)

ТЕКСТ. TEXT

РАЗГОВОР О ТЕАТРЕ

— Что вы делали вчера после работы?
— Мы ходили в Большой театр [1].
— Смотрели балет?

— Нет, мы слушали оперу Глинки [2] «Иван Сусанин» [3].
— У вас были хорошие места?
— Да, мы сидели в ложе почти против середины сцены; всё очень хорошо видели и слышали.
— Вы довольны?
— Конечно. И музыка чудесная, и содержание оперы интересное — борьба народа против врагов родины.
— Да, простой русский человек Иван Сусанин совершил большой подвиг для спасения родины. А как играли и пели артисты?
— Игра артистов, пение, танцы, а также декорации — прекрасны.
— Зрители много аплодировали?

— Да, особенно после окончания оперы. А от артиста, который пел партию Ивана Сусанина, все были просто в восторге.

СЛОВА. WORDS

балет ballet
опера opera
ложа box (*theatre*)
против (+ *gen.*) opposite, against
середина middle
содержание subject, content(s)
враг (*gen.* -á, *pl.* -й) enemy
родина motherland
подвиг feat
спасение rescue; для спасения to save
артист *m* singer, artiste
игра acting
пение singing

танец (*gen.* танца, *pl.* танцы) dance
декорации *pl.* scenery
зритель *m* spectator
аплодировать I (аплодиру‖ю, -ешь) (+ *dat.*) to applaud
особенно especially, particularly
окончание end
котор‖ый, -ая, -ое, -ые who; which
партия part
просто simply
восторг delight, enthusiasm

ВЫРАЖЕНИЯ. EXPRESSIONS

совершить подвиг	to accomplish a feat
играть роль	to play a part
быть в восторге от	to be delighted over
петь партию	to sing a part

ПРИМЕЧАНИЯ. NOTES

[1] Большой театр — the Bolshoi Theatre, a ballet and opera theatre founded in Moscow in 1776; it is the leading theatre of ballet and opera in the U.S.S.R.

[2] Михаил Глинка — a well-known Russian composer, the founder of Russian classical music (1804-1857).

[3] The subject of the opera *Ivan Susanin* is taken from Russian history (beginning of the XVIIth century).

УПРАЖНЕНИЯ. EXERCISES

1. Copy out from the Text all the words referring to the theatre.

2. Pick out from the Text the nouns used in the Genitive Case with and without prepositions (in the second instance, write them together with nouns they qualify):

Example: после урока, музыка оперы.

3. Use nouns in brackets in the correct form:

1. Вокруг (дом) растут деревья. 2. Около (школа) большой парк. 3. Из (окно) мы видим (улица). 4. Наш дом стоит у

(река). 5. От (деревня) до (город) недалеко. 6. Против (театр) большой фонтан. 7. От (стадион) до (школа) мы шли недолго. 8. Мы купили книги для (библиотека). 9. Автомобиль ехал по (дорога) мимо (лес). 10. Посреди (озеро) плыла лодка.

4. Which questions do the word in thick type answer?

1. Мы ходили в театр **после работы**. 2. Мы слушали **оперу**. 3. Профессор был доволен **рефератом** студента. 4. Мы много аплодировали **артистам**. 5. В театре у нас были **хорошие** места. 6. Мы сидели почти **против сцены**.

5. Translate into Russian:

1. There is a large square in the centre of the town. 2. The school building is large. 3. Here is Comrade Ivanov's book. 4. I remember all the words of the "Song about the Motherland". 5. We shall go to the theatre after dinner. 6. I was sitting opposite the singer.

6. Speak about a play you have seen lately (use the Text for model).

УРОК СОРОК ЧЕТВЁРТЫЙ
LESSON FORTY-FOUR

Negative Phrases with **нет, не было, не будет**
The Phrase **у меня нет**, etc.
The Negative Conjunction **ни..., ни**
The Preposition **без**

ГРАММАТИКА. GRAMMAR

1. Negative Phrases with *нет, не было, не будет*.—
a. You know the word **нет** meaning 'no' as opposed to **да** 'yes':

Вы ходили сегодня гулять? Did you go for a walk today?
— Нет.   — *No*, I didn't.

But the word **нет** may also have the meaning of 'there is (are) no'; in such instances the noun which follows it is used in the Genitive Case:

В комнате **нет** цветов.	*There are no* flowers in the room.

b. In the past tense, in the meaning of 'there was no', the verbal form **не было** is used for singular and plural; here again the noun is in the Genitive Case:

На столе **не было** газеты.	*There was no* newspaper on the table.
На столе **не было** газет.	*There were no* newspapers on the table.

Remember that in **не было** it is the particle **не** which is stressed.

c. In the future tense, singular and plural, the form **не будет** meaning 'there will be no' is used with the noun in the Genitive.

Завтра **не будет** концерта в парке.	*There will be no* concert in the park tomorrow.
У меня **не будет** сегодня уроков.	*I shall not have* any lessons today.

2. The Phrase *у меня нет*, etc. — As you remember, the phrase **у меня (есть)**, etc., is followed by a noun in the Nominative Case:

У меня есть (была, будет) книга.	I have (had, shall have) a book.

In the negative — **у меня нет**, etc. — the noun is used in the Genitive Case:

У меня **нет (не было, не будет)** урока (уроков) сегодня.	I have (had, shall have) no lesson (lessons) today.

In these negative phrases, as in the phrases referred to in the first paragraph of this lesson, the verb is in the singular regardless of the number of the noun which follows it:

У меня **не было** учебника (учебников).
У меня завтра **не будет** урока (уроков).

3. The Negative Conjunction *ни..., ни.* — This conjunction corresponds to the English conjunction 'neither... nor' and serves to emphasize the negative meaning of the sentence:

У меня **нет ни** брата, **ни** сестры.	I have *neither* a brother *nor* a sister.

(In such a case a double negative is used in Russian: **нет ни..., ни...**)

4. The Preposition без 'without'. — This preposition is used with the Genitive Case:

Растения не могут жить **без** воды.	Plants cannot live *without* water.

ТЕКСТ. TEXT
ПРЕЖДЕ И ТЕПЕРЬ

На севере Сибири в СССР живут якуты. До революции[1] почти все якуты были неграмотны; ни взрослые, ни дети не умели читать и писать. У них не было даже алфавита.

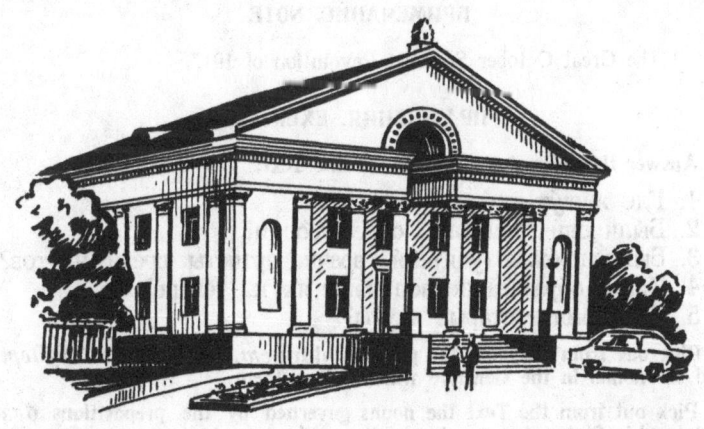

Среди якутов не было ни учителей, ни врачей, ни артистов Даже в городах у них почти не было школ, библиотек, театров.

После революции маленькие якуты стали ходить в школу. Теперь они, как и все дети в СССР, получают среднее образова́ние. Мно́гие ю́ноши и де́вушки получа́ют та́кже вы́сшее образова́ние. Среди́ яку́тов, кото́рые ещё так неда́вно бы́ли негра́мотны, тепе́рь есть учёные, врачи́, учителя́, арти́сты, писа́тели.

У яку́тов нет тепе́рь и не бу́дет де́вушек и ю́ношей без образова́ния.

В города́х Яку́тии хоро́шие теа́тры, музе́и, библиоте́ки, мно́го кино́.

То́лько о́чень ста́рые лю́ди по́мнят, как они́ жи́ли без школ, без библиоте́к, без теа́тров, без клу́бов.

СЛОВА. WORDS

пре́жде formerly
Сиби́рь *f* Siberia
яку́т Yakut
револю́ция revolution
негра́мотн‖ый, -ая, -ое, -ые illiterate
ни... ни neither... nor
уме́ть I (уме́‖ю, -ешь) to be able
алфави́т alphabet

сре́дн‖ий, -яя, -ее, -ие middle; *here*: secondary
Яку́тия Yakutia
образова́ние education
ю́ноша *m* (*gen. pl.* -ей) youth
вы́сш‖ий, -ая, -ее, -ие higher, highest
без (+ *gen.*) without

ПРИМЕЧАНИЕ. NOTE

[1] The Great October Socialist Revolution of 1917.

УПРАЖНЕНИЯ. EXERCISES

1. Answer the following questions on the Text:

   1. Где живу́т яку́ты?
   2. Бы́ли они́ гра́мотны до револю́ции?
   3. Бы́ли пре́жде учителя́, врачи́, арти́сты среди́ яку́тов?
   4. Како́е образова́ние получа́ют яку́ты тепе́рь?
   5. Что по́мнят ста́рые яку́ты?

2. Pick out from the Text the phrases with *нет, не́ было, не бу́дет* and the nouns in the Genitive which follow them.

3. Pick out from the Text the nouns governed by the prepositions *без* and *среди́*. State what number and case they are in.

4. Put the nouns in brackets in the correct case:

1. В ко́мнате не́ было (ла́мпа). 2. За́втра в клу́бе не бу́дет (конце́рт). 3. Сего́дня у нас нет (уро́ки). 4. На столе́ не́ было ни (газе́та), ни (журна́л), ни (письмо́). 5. В ча́шке не́ было (вода́). 6. Вокру́г до́ма нет (сад). 7. На мо́ре давно́ не́ было

(бу́ря). 8. За́втра не бу́дет (луна́). 9. Во вто́рник у нас не бу́дет (уро́к).

5. Replace the nouns in the Instrumental Case with the preposition *с* by nouns in the Genitive Case with the preposition *без*:

1. Я был в теа́тре с Ле́ной. 2. Де́ти гуля́ли с отцо́м. 3. Мы де́лали упражне́ния с учи́телем. 4. Вы пришли́ с письмо́м от Никола́я? 5. Я люблю́ ко́фе с молоко́м. 6. На столе́ стои́т ва́за с фру́ктами. 7. Андре́й пришёл с кни́гами.

6. Translate into Russian:

1. Yesterday we had a lesson. We had no lesson yesterday. 2. We shall have guests tomorrow. We shall not have guests tomorrow. 3. There will be a lecture at the club today. There will be no lecture at the club today.

7. Pick out from the Text the words relating to education and culture.

УРОК СОРОК ПЯТЫЙ
LESSON FORTY-FIVE

> The Genitive Case with Words expressing Measure or Indefinite Quantity (мно́го, ма́ло, ско́лько, не́сколько, etc.)
> The Genitive Case expressing Part of the Whole denoted by a Noun (Partitive Genitive)
> The Verbs есть and съесть, пить and вы́пить

ГРАММАТИКА. GRAMMAR

1. The Genitive Case with Words expressing Measure or Indefinite Quantity. — a) Measure may be expressed by words like **килогра́мм** 'kilogramme', **литр** 'litre', **коро́бка** 'box', **стака́н** 'glass', **ба́нка** 'jar', 'tin', 'can'. If a noun denoting things or substances which cannot be counted (an uncountable noun) is used with one of these words, it is used in the Genitive singular:

      килогра́мм мя́са   a kilogramme *of meat*
      стака́н воды́   a glass *of water*

If a noun denotes things which can be counted (a countable noun), it is used in the Genitive plural:

коробка **папирос** a box *of cigarettes.*

b) The same rule applies to nouns used with words expressing indefinite quantity, such as **много** 'much', 'many', 'a great deal of', **мало** 'little', 'few', **сколько** 'how much (many)', **несколько** 'several', etc.:

много **воды** much *water*
много **книг** many *books*

2. The Genitive Case expressing Part of the Whole denoted by a Noun (Partitive Genitive). — After some verbs, for instance, давать, дать 'to give', просить 'to ask', приносить, принести 'to bring', покупать, купить 'to buy', a noun in the Genitive Case may denote only part of a whole; in such instances uncountable nouns are used in the singular, and countable nouns in the plural. This Genitive is translated by 'some':

Дайте, пожалуйста, **воды**. Give (me) *some water*, please.
Купите, пожалуйста, **фруктов**. Buy *some fruit*, please.

Note. — 1. If a noun has only a plural form, it is used in all the above-mentioned instances in the Genitive plural:

банка консервов	a tin (can) of canned goods
много консервов	a great deal of canned goods
Купите, пожалуйста, консервов.	Buy some canned goods, please.

2. Some masculine nouns denoting part of the whole may have the endings -у, -ю and not the regular Genitive endings -а, -я:

Дайте мне, пожалуйста, сахару. Give me some sugar, please.
Я выпью чаю. I shall drink some tea.
Он купил сыру. He bought some cheese.

3. The Verbs *есть* **and** *съесть,* *пить* **and** *выпить.* — These verbs are conjugated as follows:

Inf.: **есть** *irr.* 'to eat' *Inf.:* **съесть** *irr. p* 'to eat up'

Pres. Tense: ем, ешь, ест, едим, едите, едят *Pres. Tense:* —

Past Tense: ел, ела, ело, ели *Past Tense:* съел, съела, съело, съели

Future Tense: бу́ду есть, бу́дешь есть, etc.

Imper.: ешь, е́шьте

Inf.: **пить** I 'to drink'

Pres. Tense: пью, пьёшь, пьёт, пьём, пьёте, пьют

Past Tense: пил, пила́, пи́ло, пи́ли

Future Tense: бу́ду пить, бу́дешь пить, etc.

Imper.: пей, пе́йте

Future Tense: съем, съешь, съест, съеди́м, съеди́те, съедя́т

Imper.: съешь, съе́шьте

Inf.: **вы́пить** I *p* 'to drink up'

Pres. Tense: —

Past Tense: вы́пил, вы́пила, вы́пило, вы́пили

Future Tense: вы́пью, вы́пьешь, вы́пьет, вы́пьем, вы́пьете, вы́пьют

Imper.: вы́пей, вы́пейте

The imperfective verbs **есть** and **пить** are used with a noun in the Accusative Case.

Я ем ры́бу. Я пью молоко́.

The perfective verbs **съесть** and **вы́пить** may be used with a noun in the Accusative Case:

Я съел **я́блоко.**	I ate an apple.
Я вы́пил **стака́н** воды́.	I drank up a glass of water.

or in the Genitive Case, if a part of the whole is meant:

Я съел хле́ба и вы́пил молока́.	I ate some bread and drank up some milk.

СЛОВА. WORDS

килогра́мм kilogramme
коро́бка (*gen. pl.* коро́бок) box
ба́нка (*gen. pl.* ба́нок) can, jar
литр litre
проси́ть II (прошу́, про́сишь) to ask (for)
консе́рвы *pl.* tinned, canned goods

приноси́ть II (приношу́, прино́сишь), **принести́** I *p* (*fut.* принес‖у́, -ёшь, *past* принёс, принесл‖а́, -о́, -и́) to bring
есть *irr.* to eat
пить I to drink
съесть *irr. p* to eat up
вы́пить I *p* to drink up

ТЕКСТ. TEXT

УЖИН В ЛЕСУ

Не́сколько челове́к тури́стов — ю́ношей и де́вушек — подошли́ к ле́су, недалеко́ от дере́вни. Бы́ло ещё светло́. Моло-

дые лю́ди о́чень уста́ли: они́ прошли́ мно́го киломе́тров с рюкзака́ми на спине́.

Все хоте́ли есть и пить. Реши́ли поу́жинать в лесу́.

— Я го́лоден, как волк, — сказа́л Андре́й. — Сейча́с съем и вы́пью всё, что у нас есть.

— Неуже́ли оди́н всё съешь и вы́пьешь? — спроси́ли его́ това́рищи. — А мы? И пре́жде ну́жно пойти́ в дере́вню за молоко́м, огурца́ми и я́йцами.

Никола́й и Ви́ктор пошли́ в дере́вню, Андре́й и Михаи́л

стали готовить костёр. Девушки вынули из рюкзаков продукты: хлеб, булки, масло, сыр, колбасу, сахар, соль и консервы, а также ложки, вилки, ножи, тарелки и чашки.

Николай и Виктор пришли из деревни и принесли картофеля, огурцов, помидоров и лука и пять литров молока. Они принесли также три десятка яиц. Девушки сварили на костре картофель, зажарили яичницу и сделали салат из помидоров и огурцов с луком.

Каждый взял тарелку, нож, вилку, ложку и чашку. Скоро все сидели вокруг костра и ели. Над костром висел чайник. Хозяйничала Лена.

Сначала все молчали. Потом, когда съели яичницу и картофель, стали разговаривать и шутить.

— Андрей, — спросила Лена, — ты, наверное, ещё голоден? Вот съешь салату, колбасы, сыру.

— Спасибо, Лена, съем с удовольствием.

— А я уже пью молоко, — сказал Виктор.

— Знаешь, Лена, — сказал Андрей, — дай мне чаю. Я буду пить чай с бутербродами.

— Пожалуйста, вот чайник, пей.

Все выпили чаю.

Скоро все легли отдыхать: очень хотели спать.

СЛОВА. WORDS

подойти I p (fut. подойд‖у́, -ёшь, past подошёл, подошл‖а́, -о́, -и́) (к + dat.) to come up (to)

устать I p (fut. устан‖у, -ешь) to be (get) tired

километр kilometre

рюкзак (pl. -и) rucksack

спина (pl. спины) back

решить II p (fut. реш‖у́, -и́шь) to decide

ужинать I (ужина‖ю, -ешь), поужинать I p (fut. поужина‖ю, -ешь) to have supper

голодн‖ый, -ая, -ое, -ые hungry

волк wolf

неужели...? really?, is it possible?

спросить II p (fut. спрошу, спросишь) to ask

огурец (gen. огурца, pl. огурцы) cucumber

яйцо (pl. яйца, gen. pl. яиц) egg

стать I p (fut. стан‖у, -ешь) (with inf.) to begin, to start

готовить II (готовлю, готовишь) to prepare

костёр (gen. костра, pl. костры) camp-fire

вынуть I p (fut. вын‖у, -ешь) to take out

продукты pl. provisions

булка (gen. pl. булок) roll

колбаса (pl. колбасы) sausage

прийти I p (fut. прид‖у́, -ёшь, past пришёл, пришл‖а́, -о́, -и́) to come

помидор tomato

десяток (gen. десятка, pl. десятки) ten (pieces of something)

варить II (варю, варишь), сварить II p (fut. сварю, сваришь) to cook, to boil

жа́рить II (жа́р||ю, -ишь), зажа́рить II p (fut. зажа́р||ю, -ишь) to fry
яи́чница fried eggs
сала́т salad
висе́ть II (виси́т) to hang
ча́йник tea-kettle

хозя́йничать I (хозя́йнича||ю, -ешь) to act as hostess
бутербро́д sandwich
лечь I p (fut. ля́гу, ля́жешь) to lie down

ВЫРАЖЕНИЯ. EXPRESSIONS

я хочу́ есть, я го́лоден (голодна́)	I am hungry
я хочу́ пить	I am thirsty
я го́лоден, как волк	I am as hungry as a wolf
я хочу́ спать	I am sleepy

УПРАЖНЕНИЯ. EXERCISES

1. Copy out from the Text the words denoting foodstuffs and utensils used when eating. Write alongside them their English translation.

2. Answer the following questions on the Text:

 1. Куда́ пришли́ тури́сты?
 2. Что сказа́л Андре́й?
 3. Что ему́ отве́тили?
 4. Куда́ пошли́ Никола́й и Ви́ктор?
 5. Что ста́ли де́лать Андре́й и Михаи́л?
 6. Что сде́лали де́вушки?
 7. Что принесли́ из дере́вни Никола́й и Ви́ктор?
 8. Что бы́ло у тури́стов на у́жин?

3. Copy out from the Text the nouns in the Genitive Case without a preposition with the words governing this case.

 Example: (Я) принёс хле́ба
 не́сколько стака́нов

4. Indicate which of the nouns you have copied out are uncountable and used in the Genitive singular; and which are countable and used in the Genitive plural.

5. In place of the dots insert nouns from the right-hand column in the correct form:

1. Наш учи́тель зна́ет не́сколько	язы́к
2. У нас мно́го ... и	кни́га, тетра́дь
3. Принеси́те, пожа́луйста, ... и	хлеб, молоко́
4. Да́йте, пожа́луйста, ...	вода́
5. Сего́дня мы получи́ли ма́ло ... и	газе́та, журна́л
6. Ско́лько ... до го́рода?	киломе́тр

7. В комнате много ... . | свет
8. Сколько ... лежит на тарелке? | помидор
9. Я купил килограмм ... . | масло
10. Скажите несколько ... . | слово
11. Выпейте чашку ... . | чай
12. Я выпил ... с ... . | чай, сахар

6. Compose a short essay or a dialogue about a meal.

УРОК СОРОК ШЕСТОЙ
LESSON FORTY-SIX

Cardinal Numerals from 1 to 30
Cardinal Numerals with Nouns

ГРАММАТИКА. GRAMMAR

1. **Cardinal Numerals from 1 to 30.** — Cardinal numerals in Russian may be *simple, complex* or *compound*.

a. Simple numerals (having one root): 0 ноль, 1 один *m* (одна *f*, одно *n*, одни *pl.*), 2 два *m, n* (две *f*), 3 три, 4 четыре, 5 пять, 6 шесть, 7 семь, 8 восемь, 9 девять, 10 десять.

b. Complex numerals: 11 одиннадцать, 12 двенадцать, 13 тринадцать, 14 четырнадцать, 15 пятнадцать, 16 шестнадцать, 17 семнадцать, 18 восемнадцать, 19 девятнадцать, 20 двадцать, 30 тридцать.

Note. — The complex numerals consist of two roots: один, две, три, etc., and -дцать (meaning десять — 10). Thus одиннадцать means один на десять (one and ten), двенадцать — две на десять (two and ten), двадцать — два раза десять (twice ten), etc.

Numerals from 5 to 20 and also 30 are spelt with ь at the end.

c. Compound numerals: 21 двадцать один, 22 двадцать два, 23 двадцать три, 24 двадцать четыре, 25 двадцать пять, 26 двадцать шесть, 27 двадцать семь, 28 двадцать восемь, 29 двадцать девять, etc.

N o t e. — Compound numerals denote numbers of not less than two digits; each component of a compound numeral is written separately.

2. Cardinal Numerals with Nouns.

a. The numeral **один** agrees in gender with the noun it defines:

оди́н уро́к	one lesson
одна́ кни́га	one book
одно́ сло́во	one word

The plural form **одни́** is used only with nouns which have no singular form:

одни́ часы́	one watch
одни́ но́жницы	one pair of scissors

The noun is used in the Nominative Case.

b. The numeral **два** is used with masculine and neuter nouns; **две** is used with feminine nouns:

два стола́ *m*	two tables
два окна́ *n*	two windows
две ко́мнаты *f*	two rooms

c. With the numerals **два, три, четы́ре** the noun is used in the Genitive singular:

два часа́	two hours
две мину́ты	two minutes

d. With the numerals **пять, шесть, семь,** etc., the noun is used in the Genitive plural:

пять часо́в	five hours
шесть мину́т	six minutes

e. When used with a compound numeral, the number of the noun depends on the last component:

два́дцать оди́н час *(nom. sing.)*	twenty-one hours
два́дцать два часа́ *(gen. sing.)*	twenty-two hours
два́дцать пять часо́в *(gen. pl.)*	twenty-five hours

СЛОВА. WORDS

часы́ *pl.* (*no sing.*) watch, clock
но́жницы *pl.* (*no sing.*) scissors
час (*pl.* -ы́) hour
мину́та minute

N o t e. — Don't confuse the words **час** 'hour' and **часы́** 'watch'‚ 'clock'; remember that the latter has only the plural form.

ТЕКСТ. TEXT
У ТЕЛЕВИЗОРА

Наступа́ет ве́чер. Я сижу́ у телеви́зора и ожида́ю переда́чи из теа́тра. До нача́ла спекта́кля ещё семь мину́т. Я беру́ програ́мму переда́ч и отмеча́ю, что я бу́ду смотре́ть в сле́дующие два дня.

За́втра, в суббо́ту, в семна́дцать часо́в пятна́дцать мину́т переда́ча «Сове́тские космона́вты и косми́ческие корабли́». Это о́чень интере́сно. А в двена́дцать часо́в три́дцать мину́т бу́дут пока́зывать замеча́тельный фильм «Судьба́ челове́ка».

Послеза́втра воскресе́нье. В воскресе́нье переда́чи по телеви́зору иду́т це́лый день. В четы́рнадцать часо́в спорти́вная переда́ча со стадио́на и́мени Ле́нина. В пятна́дцать часо́в я бу́ду слу́шать расска́зы о геро́ях труда́. А ве́чером, в два́дцать два часа́, у телеви́зора бу́дет вся на́ша семья́. Мы бу́дем смотре́ть и слу́шать большо́й конце́рт: «Му́зыка, пе́сни и та́нцы наро́дов СССР».

Одна́ко... до нача́ла спекта́кля две мину́ты. Я уви́жу на экра́не телеви́зора пье́су «Го́род на заре́». Это пье́са о молодёжи, кото́рая постро́ила в тайге́ го́род Комсомо́льск. Включа́ю телеви́зор. Уже́ пора́!

СЛОВА. WORDS

наступа́ть I (наступа́ет) to come, to approach
ожида́ть I (ожида́|ю, -ешь) (+ gen.) to wait for
переда́ча broadcast
спекта́кль m performance
програ́мма programme
отмеча́ть I (отмеча́|ю, -ешь) to mark
сле́дующ||ий, -ая, -ее, -ие next
космона́вт cosmonaut
косми́ческ||ий, -ая, -ое, -ие cosmic
раке́та rocket
замеча́тельн||ый, -ая, -ое, -ые remarkable

судьба́ (*pl.* су́дьбы, *gen. pl.* су́деб) fate
спорти́вн||ый, -ая, -ое, -ые sports (*attr.*)
послу́шать I *p* (*fut.* послу́ша|ю, -ешь) to listen
одна́ко however
экра́н screen
пье́са play
тайга́ taiga (*dense forests in Siberia*)
включа́ть I (включа́|ю, -ешь), включи́ть II *p* (*fut.* включ||у́, -и́шь) to switch on

УПРАЖНЕНИЯ. EXERCISES

1. Answer the following questions on the Text:

1. Когда́ бу́дут пока́зывать по телеви́зору фильм «Судьба́ челове́ка»?

2. Когда будет передача со стадиона имени Ленина?
3. Какой концерт будет в воскресенье вечером?
4. Что сегодня на экране телевизора?
5. О чём рассказывает пьеса «Город на заре»?

2. Learn by heart the numerals from 1 to 30. Write them out.

3. Copy out the combinations of numerals and nouns in the Text. Say whether the nouns *час* and *минута* are plural or singular in each instance.

4. Copy the following replacing the dots by nouns from the right-hand column in the correct form. Spell out the figures.

1. Мы купили 2 ... и 2	нож, вилка
2. Напишите по-русски 10	слово
3. Через 5 ... я поеду на юг.	неделя
4. Туристы прошли 23	километр
5. В слове «мир» 3	буква
6. Дайте, пожалуйста, ... и	молоко, хлеб
7. Я буду здесь в 4 ... 15	час, минута
8. До начала спектакля ещё 3	минута
9. На столе 28	книга
10. У нас было 25	урок

5. Copy out from the Text the words the English equivalents of which have the same root.

6. What radio programmes did you hear yesterday and today?

УРОК СОРОК СЕДЬМОЙ
LESSON FORTY-SEVEN

> Verbs with the Particle -ся, -сь (Reflexive Verbs)
> Cardinal Numerals from 40 to 100

ГРАММАТИКА. GRAMMAR

1. Verbs with the Particle -*ся*, -*сь* (Reflexive Verbs). — Verbs like одеваться 'to dress oneself', умываться 'to wash oneself' have the particle -ся, -сь at the end. Many of these verbs are formed from transitive verbs. Compare:

одевать to dress (someone)   одеваться to dress (oneself)
умывать to wash (someone)   умываться to wash (oneself)

These verbs are conjugated in the same way as verbs of the 1st and 2nd conjugation without the particle and the particle -ся is added to the ending after consonants and -сь after vowels. (See tables on p. 180).

Some verbs with the particle -ся, -сь, like those without it, have an interchange of consonants in the root in the Present Tense or simple Future Tense. We find an example of this in the verb садиться:

Inf.: садиться
Pr. T. сажусь, садишься, садится, etc.

In English verbs of this kind are sometimes used without the reflexive pronoun; in Russian the particle -ся, -сь can never be omitted without changing the meaning of the verb.

Verbs with the Particle -ся, -сь may have following meanings:

  a. *reflexive*, when the action passes on to the subject itself:
      Я одеваюсь.   I am dressing *myself*.

  b. *reciprocal*, when the agents perform the action on each or one another:
      Мы здороваемся.   We greet *one another*.

  c. *passive*, when the action is performed on the subject of the verb by another agent:
      Дом **строится**.   A house *is being built*.

If the agent performing this action is indicated, it is denoted by a noun or a pronoun in the Instrumental Case:
Дом строится **рабочими**.   The house is being built *by the workers*.

  d. *neutral*, for instance.
      Я смеюсь.   I am laughing.

2. Cardinal Numerals from 40 to 100. — 40 сорок, 50 пятьдесят, 60 шестьдесят, 70 семьдесят, 80 восемьдесят, 90 девяносто, 100 сто.

Note that the numerals пятьдесят, шестьдесят, семьдесят, and восемьдесят have ь in the middle.

The compound numerals сорок один, пятьдесят два, шестьдесят девять, etc. are formed in the same way as двадцать один, двадцать два, etc.

The rules for combining nouns with the numerals given in this lesson are the same as those set out in Lesson 46.

Infinitive: одева́ться I 'to dress oneself'
Present Tense

я одева́юсь	I dress (am dressing) myself
ты одева́ешься	you dress (are dressing) yourself
он, она́ одева́ется	he, she dresses (is dressing) himself (herself)
мы одева́емся	we dress (are dressing) ourselves
вы одева́етесь	you dress (are dressing) yourselves
они́ одева́ются	they dress (are dressing) themselves

Past Tense
одева́лся *m*, одева́лась *f*, одева́лось *n*, одева́лись *pl*.

Future Tense
я бу́ду одева́ться ты бу́дешь одева́ться etc.

Imperative: одева́йся, одева́йтесь

Infinitive: ложи́ться II 'to lie down'
Present Tense

я ложу́сь	мы ложи́мся
ты ложи́шься	вы ложи́тесь
он, она́, оно́ ложи́тся	они́ ложа́тся

Past Tense
ложи́лся *m*, ложи́лась *f*, ложи́лось *n*, ложи́лись *pl*.

Future Tense
я бу́ду ложи́ться ты бу́дешь ложи́ться, etc.

Imperative: ложи́сь, ложи́тесь

СЛОВА. WORDS

одева́ть I (одева́||ю, -ешь) to dress (someone)
одева́ться I (одева́||юсь, -ешься) to dress (oneself)
умыва́ть I (умыва́||ю, -ешь) to wash (someone)
умыва́ться I (умыва́||юсь, -ешься) to wash (oneself)
ложи́ться II (лож||у́сь, -и́шься) to lie down

сади́ться II (сажу́сь, сади́шься) to sit down
здоро́ваться I (здоро́ва||юсь, -ешься) to greet one another, to say how do you do
стро́иться II (стро́ится) to be built
смея́ться I (сме||ю́сь, -ёшься) to laugh

ТЕКСТ. TEXT

ГАЛЯ В ДОМЕ ОТДЫХА

Га́ля — молода́я ткачи́ха. Сейча́с она́ живёт в до́ме о́тдыха: у неё о́тпуск.

Дом о́тдыха нахо́дится в лесу́. Недалеко́ река́. Стои́т хоро́шая ле́тняя пого́да.

Га́ля встаёт в семь часо́в три́дцать мину́т, бы́стро умыва́ется и причёсывается, надева́ет[1] спорти́вный костю́м, встреча́ется с подру́гами, и они́ вме́сте иду́т де́лать гимна́стику. Заня́тия гимна́стикой продолжа́ются два́дцать мину́т[2]. Пото́м

девушки принимают душ, причесываются, одеваются и идут завтракать.

После завтрака Галя идёт купаться. Потом подруги зовут её на прогулку. Молодёжь гуляет в лесу и по берегу реки.

В два часа дня обед. После обеда Галя идёт в библиотеку выбрать книгу или журнал, разговаривает с товарищами. В четыре часа все ложатся отдыхать; но Галя не любит спать днём³ и минут сорок-пятьдесят пишет письма друзьям и домой.

В пять часов чай или кофе с булочками. Потом Галя надевает спортивный костюм и бежит играть в волейбол.

Молодёжь занимается спортом до ужина. Вечером, после ужина, все танцуют, поют, смотрят кино. Все веселы, шутят и смеются.

Иногда организуются экскурсии на автобусе за пятьдесят, восемьдесят и даже за сто километров от дома отдыха.

СЛОВА. WORDS

ткачи́ха weaver (*a woman*)
находи́ться II (нахожу́сь, нахо́дишься) to be situated
причёсываться I (причёсыва||юсь, -ешься) to comb one's hair
надева́ть I (надева́||ю, -ешь) to put on
встреча́ться I (встреча́||юсь, -ешься) to meet
гимна́стика gymnastics
продолжа́ться I (продолжа́ется) to last, to continue
душ shower
купа́ться I (купа́||юсь, -ешься) to bathe

звать I (зов||у́, -ёшь) to call
бу́лочка (*gen. pl.* бу́лочек, *dim of* бу́лка) bun
бежа́ть *irreg.* (бегу́, бежи́шь, ... бегу́т) to run
волейбо́л volleyball
занима́ться I (занима́||юсь, -ешься) to engage in
весёл||ый, -ая, -ое, -ые jolly
иногда́ sometimes
организова́ться I, I *p (pres., fut.* организу́ется) to be organized
экску́рсия excursion
авто́бус bus

ВЫРАЖЕНИЯ. EXPRESSIONS

Пого́да стои́т хоро́шая. The weather is fine.
принима́ть душ   to take a shower

ПРИМЕЧАНИЯ. NOTES

[1] Don't confuse the verbs **одева́ть** which means 'to dress someone', **надева́ть** 'to put on' and **одева́ться** 'to dress oneself'. Compare:

Га́ля одева́ет сестру́.	Galya is dressing her sister.
Га́ля надева́ет но́вое пла́тье.	Galya puts on a new dress.
Га́ля одева́ется.	Galya is dressing (herself).

[2] If the numeral precedes the noun, the indication of time, distance or quantity is exact:

        де́сять мину́т   ten minutes

When the numeral comes after the noun, it assumes an approximate meaning:

        мину́т де́сять   about ten minutes

[3] Compare:
у́тро morning — у́тром in the morning
день *m* day — днём in the afternoon, *lit.*: in the daytime
ве́чер evening — ве́чером in the evening
ночь *f* night — но́чью in the (at) night

УПРАЖНЕНИЯ. EXERCISES

1. Compose questions to which the words in thick type will be the answers:

1. **У Га́ли** о́тпуск. 2. Га́ля сейча́с **в до́ме о́тдыха**. 3. Дом о́тдыха нахо́дится **в лесу́**. 4. Стои́т **хоро́шая ле́тняя** пого́да.

5. Га́ля встаёт ра́но у́тром. 6. У́тром Га́ля умыва́ется и одева́ется. 7. Пото́м Га́ля идёт **в спорти́вный зал**. 8. Там она́ де́лает **гимна́стику**. 9. Заня́тия гимна́стикой продолжа́ются **20 мину́т**. 10. По́сле за́втрака Га́ля идёт купа́ться. 11. Га́ля с **подру́гами** гуля́ет по бе́регу реки́. 12. Пото́м Га́ля идёт **в библиоте́ку**. 13. По́сле обе́да Га́ля **пи́шет пи́сьма**. 14. **В пять часо́в** дня все пьют чай. 15. До у́жина молодёжь занима́ется **спо́ртом**. 16. По́сле у́жина молоды́е лю́ди **танцу́ют и пою́т**. 17. **Не́сколько** раз в неде́лю в до́ме о́тдыха организу́ются экску́рсии.

2. Read the third paragraph of the Text using the pronoun *я* instead of the name *Га́ля* and the pronoun *она́* and changing the verb endings accordingly.

Example: Га́ля встаёт — я встаю́.

3. Write all the forms of the Past Tense of the verbs:

встава́ть, идти́, умыва́ться, причёсываться, одева́ться.

4. Conjugate the verb *занима́ться* and *находи́ться* in the forms you know (see Tables in Grammar).

5. Insert a suitable verb from those given below in the right form:

продолжа́ться, умыва́ться, занима́ться, находи́ться, одева́ться.

1. У́тром мы бы́стро ... и ... . 2. Наш уро́к ... 45 мину́т. 3. Я ... спо́ртом. 4. На́ша шко́ла ... недалеко́. 5. Вот ваш костю́м, ... бы́стро.

6. Find in the Text one reflexive verb for each of the meanings explained in Grammar.

7. Learn by heart the numerals from 31 to 100. Write in words the following numbers with the word *киломе́тр* in the correct form:

47, 59, 64, 78, 83, 90, 101.

Example: два́дцать два киломе́тра, три́дцать пять киломе́тров.

8. Translate into Russian:

1. I was at home the whole day. He does not like to sleep in the afternoon. 2. He will come in the evening. I stayed (был) with him the whole evening. 3. At night we sleep. The night was beautiful. 4. The morning came. It rained in the morning.

9. Find in the Text words having the same root as the words:

ходи́ть, спорт, до́лго, оде́жда, друг, гуля́ть, брать, разгово́р, та́нец.

10. Describe your pastime during the holidays using reflexive verbs.

УРОК СОРОК ВОСЬМО́Й
LESSON FORTY-EIGHT

Cardinal Numerals from 200 to 1,000
The Prepositions за, под, над with the Instrumental and the Accusative Case
The Prepositions ме́жду and пе́ред with the Instrumental Case
---

ГРАММА́ТИКА. GRAMMAR

1. **Cardinal Numerals from 200 to 1,000.** — The numerals 200 две́сти, 300 три́ста, 400 четы́реста, 500 пятьсо́т, 600 шестьсо́т, 700 семьсо́т, 800 восемьсо́т, 900 девятьсо́т each have two roots; the parts -сти, -ста, -сот mean сто (100).

Ты́сяча (1,000) is considered to be a feminine noun, and миллио́н (1 000 000) a masculine noun.

Note that the numerals пятьсо́т, шестьсо́т, семьсо́т, восемьсо́т, девятьсо́т are written with ь in the middle.

Don't forget that in numerals consisting of two or more digits all the components are written separately: 201 — две́сти оди́н, 358 — три́ста пятьдеся́т во́семь, etc.

2. **The Prepositions** *за, под, над* **with the Instrumental and the Accusative Case.** — a. A noun in the Instrumental Case used with the prepositions за 'beyond', 'behind', под 'under', над 'over' may indicate place (answering the question где? 'where?'):

Самолёт лети́т **над мо́рем**.	The plane is flying *over the sea*.
За ле́сом бы́ло по́ле.	There was a field *beyond the forest*.
Мы сиде́ли **под де́ревом**.	We were sitting *under a tree*.

185

b. If direction is indicated, the prepositions **за** and **под** are used with the Accusative Case:

Мы идём **за́ реку**.	We are going *over the river*.
Он положи́л кни́гу **под газе́ту**.	He placed the book *under the newspaper*.

3. **The Prepositions** *ме́жду* **and** *пе́ред* **with the Instrumental Case.** —

The prepositions **ме́жду** 'between' and **пе́ред** 'in front of', 'before' used with a noun in the Instrumental Case may indicate place (answering the question **где?**) or time (answering the question **когда́?**):

Ме́жду гора́ми (где?) широ́кая доли́на.	There is a wide valley *between the mountains*.
Мы отдыха́ем (когда́?) **ме́жду уро́ками**.	We have a rest *between lessons*.
Пе́ред до́мом (где?) большо́й сад.	There is a large garden *in front of the house*.
Де́ти гуля́ли (когда́?) **пе́ред обе́дом**.	The children went for a walk *before dinner*.

СЛОВА. WORDS

за (+*instr.*) beyond, behind, (+*acc.*) beyond, behind, for
под (+ *instr.*, *acc.*) under
над (+ *instr.*) over
ме́жду (+ *instr.*) between, among
пе́ред (+ *instr.*) in front of, before

ТЕКСТ. TEXT

САМОЛЁТЫ ЛЕТАЮТ ДАЛЕКО И БЫСТРО

СССР — о́чень больша́я страна́. Наприме́р, из Москвы́ на сове́тский Да́льний Восто́к ско́рый по́езд идёт шесть дней. Он пересека́ет Во́лгу, Ура́льские го́ры, Сиби́рь. Пе́ред глаза́ми путеше́ственника сменя́ются мно́гие интере́сные ви́ды.

Но на Да́льний Восто́к мо́жно попа́сть и гора́здо скоре́е, е́сли э́то ну́жно. Авиали́нии соединя́ют все концы́ СССР. Самолёты лета́ют и в таки́е далёкие места́, куда́ поезда́ вообще́ не хо́дят.

Изве́стны мо́щные комфорта́бельные пассажи́рские самолёты ТУ-104, ТУ-114, ИЛ-18 и други́е. Они́ лета́ют со ско́ростью о́коло ты́сячи киломе́тров в час. Быва́ет, что снару́жи

сильный холод или дождь, а в самолёте всегда тепло, светло и удобно.

Между Москвой и Ташкентом две тысячи девятьсот (2900) километров. Весь путь на самолёте занимает четыре часа.

Между Москвой и Владивостоком семь тысяч семьсот восемьдесят (7780) километров. Самолёт находится в воздухе восемь с половиной часов.

Советские самолёты-лайнеры совершают также регулярные полёты за границу.

Современные самолёты поднимаются высоко над землёй. Облака плывут под самолётами, и за облаками не видно земли.

СЛОВА. WORDS

например for example
дальний[1] distant, far away; Дальний Восток Far East
скор‖ый, -ая, -ое, -ые fast
поезд train
пересекать I (пересека‖ю, -ешь) to cross
путешественник traveller
сменяться I (сменяется) succeed one another

вид view
попасть I p (fut. попад‖у, -ёшь) (в, на + acc.) to get (to)
если if
авиалиния airline
конец (gen. конца, pl. концы) end; here: part
далёк‖ий, -ая, -ое, -ие far away
вообще in general

комфорта́бельн‖ый, -ая, -ое, -ые comfortable
пассажи́рск‖ий, -ая, -ое, -ие passenger *(attr.)*
лета́ть I (лета́‖ю, -ешь) to fly
ско́рость *f* speed
быва́ет *impers.* it occurs
снару́жи outside
хо́лод cold
дождь *m* rain
тепло́ it is warm
удо́бно it is comfortable

поднима́ть I (поднима́‖ю, -ешь) to lift (up), to raise
путь *m* way
то́лько only
занима́ть I (занима́‖ю, -ешь) to occupy, to take up
полови́на half
ла́йнер liner
регуля́рн‖ый, -ая, -ое, -ые regular
за грани́цу abroad
поднима́ться I (поднима́‖юсь, -ешься) to rise
не ви́дно cannot be seen

ПРИМЕЧАНИЕ. NOTE

[1] Далёкий and да́льний are both translated into English by 'far away' but they are not always interchangeable. Compare: далёкий путь — да́льний путь, but далёкий друг 'far away friend', да́льний ро́дственник 'a distant relation'.

УПРАЖНЕНИЯ. EXERCISES

1. Compose questions to which the words in thick type will be the answers:

1. Совреме́нные самолёты **лета́ют с большо́й ско́ростью**. 2. Авиали́нии соединя́ют **все концы́ СССР**. 3. Сове́тские самолёты **лета́ют** та́кже **за грани́цу**. 4. Ме́жду Москво́й и Ленингра́дом **650 киломе́тров**. 5. Самолёт ТУ-104 лети́т от Москвы́ до Ленингра́да **о́коло ча́са**. 6. Самолёт лети́т **на юг**. 7. Ло́дка плывёт **по реке́**. 8. Мы е́хали **из Ри́ги в Ташке́нт**. 9. **Пе́ред до́мом** широ́кая у́лица. 10. Никола́й положи́л письмо́ **на по́лку**.

2. Pick out from the Text nouns used in the Instrumental Case with the prepositions *над, под, ме́жду, пе́ред*.

3. Copy out the following sentences, putting the nouns in brackets in the correct case:

1. Гео́логи нахо́дят нефть под (земля́). 2. Над (река́) шумя́т дере́вья. 3. Со́лнце сади́тся за (лес). 4. Над (по́ле) летя́т пти́цы. 5. Пе́ред (дом) стои́т маши́на. 6. Ме́жду (о́кна) стои́т стол. 7. Пе́ред (шко́ла) расту́т цветы́. 8. Ме́жду (го́род) и (дере́вня) хоро́шая доро́га. 9. За (стена́) игра́ет му́зыка. 10. По (река́) под (мост) плывёт ло́дка. 11. Де́вушки шли по (у́лица) с (пе́сни).

4. Copy the sentences below, inserting prepositions instead of the dots.

1. Летом я люблю сидеть ... траве ... деревьями. 2. ... завтраком и обедом дети гуляли. 3. Солнце садится ... горой. 4. ... морем летали белые птицы. 5. Геологи находят уголь и нефть ... землёй. 6. ... фабрикой стояли автомобили. 7. Мы говорили ... директором завода.

5. What nouns may be used as subjects to the verbal forms:

летит, бежит, идёт, плывут, едет, сменяются, находится.

6. Memorize the numerals from 200 to 1,000. Write them down.
7. Speak about a trip on a plane.

УРОК СОРОК ДЕВЯТЫЙ
LESSON FORTY-NINE

> Aspects of the Verbs with the Particle
> -ся, -сь
> Ordinal Numerals from 1st to 10th

ГРАММАТИКА. GRAMMAR

1. **Aspects of the Verbs with the Particle** -*ся*, -*сь*. — Review what was said about aspects of the verbs in Lessons 32 and 33.

Verbs with the particle -ся, -сь, just like verbs without this particle, may be imperfective, i. e. express an incompleted action, or perfective, i. e. express a complete, accomplished action. Those imperfective and perfective verbs ending in -ся, -сь which have the same meaning and differ only in aspect, also form pairs as verbs without the particle -ся, -сь. The verbs in each pair are distinguished one from the other mostly by suffixes and prefixes. For instance, in the pair of verbs делаться — сделаться 'to become' the distinguishing feature is the prefix с- in the verb of the perfective aspect; in the pair of verbs отправляться — отправиться 'to set off' it consists of a change in the stem and different suffixes: -я- — -и-.

189

As you know, perfective verbs have no Present Tense and they have the simple form of the Future Tense. The same applies to perfective verbs with the particle **-ся, -сь**. For instance, the verb **отпра́виться** is conjugated as follows:

Infinitive: отпра́виться II *p.*
Present Tense: —
Past Tense: отпра́вился *m,* отпра́вилась *f,* отпра́вилось *n,* отпра́вились *pl.*
Future Tense: отпра́влюсь, отпра́вишься, отпра́вится, отпра́вимся, отпра́витесь, отпра́вятся.
Imperative: отпра́вься, отпра́вьтесь.

2. **Ordinal Numerals from 1st to 10th.** — **Пе́рвый** (1-й) 'first', **второ́й** (2-й) 'second', **тре́тий** (3-й) 'third', **четвёртый** (4-й) 'fourth', **пя́тый** (5-й) 'fifth', **шесто́й** (6-й) 'sixth', **седьмо́й** (7-й) 'seventh', **восьмо́й** (8-й) 'eighth', **девя́тый** (9-й) 'ninth', **деся́тый** (10-й) 'tenth'.

All ordinal numerals, except **пе́рвый** and **второ́й**, have the same root as the corresponding cardinal numerals.

Ordinal numerals have the endings **-ый (-ой), -ая, -ое, -ые**, like adjectives with hard endings (see Lesson 21):

пе́рвый *m,* пе́рвая *f,* пе́рвое *n,* пе́рвые *pl.*
второ́й *m,* втора́я *f,* второ́е *n,* вторы́е *pl.*

The only exception is **тре́тий**, which has soft endings:

тре́тий *m,* тре́тья *f,* тре́тье *n,* тре́тьи *pl.*

In compound numerals only the last component has the form of an ordinal numeral: два́дцать **пе́рвый**, пятьдеся́т **седьмо́й**, etc.

Ordinal numerals, like adjectives, agree in gender and number with the nouns they qualify:

пе́рвый уро́к *m*   пе́рвое упражне́ние *n*
пе́рвая кни́га *f*   пе́рвые фра́зы *pl.*

The ordinal numerals answer the question **кото́рый? кото́рая? кото́рое? кото́рые?** and also **како́й? кака́я? како́е? каки́е?**:

Кото́рый день вы в Москве́? — Седьмо́й.
Кака́я э́то страни́ца (page)? — Деся́тая.

СЛОВА. WORDS

де́латься I (де́ла||юсь, -ешься), сде́латься I p (fut. сде́ла||юсь, -ешься) to become

отпра́виться II p (fut. отпра́влюсь, отпра́вишься) to set off

ТЕКСТ. TEXT

ПЕРВЫЕ СОВЕТСКИЕ КОСМИЧЕСКИЕ РАКЕТЫ

1959-й (ты́сяча девятьсо́т пятьдеся́т девя́тый) год — замеча́тельный для СССР: в тече́ние го́да бы́ли запу́щены в ко́смос пе́рвые сове́тские раке́ты.

В нача́ле го́да устреми́лась в сто́рону Луны́ пе́рвая косми́ческая раке́та. Она́ пронесла́сь ми́мо Луны́ и ста́ла спу́тником Со́лнца.

Че́рез де́вять ме́сяцев на Луну́ с вы́мпелом СССР полете́ла втора́я косми́ческая раке́та. Эта раке́та прилуни́лась в назна́ченное зара́нее вре́мя.

А вско́ре была́ запу́щена и тре́тья косми́ческая раке́та. Она́ устреми́лась к Луне́ и ста́ла враща́ться по орби́те вокру́г Луны́ и Земли́.

Все три ракеты передали на Землю интересные сведения о тайнах космоса. Особенно важные сведения передала третья ракета: люди узнали по фотографиям, какой вид имеет другая сторона Луны.

СЛОВА. WORDS

в течение (+ gen.) during
запустить II p (fut. запущу, запустишь) to launch; запущен, -а, -о, -ы (is) launched
космос cosmos, Space
ракета rocket
устремиться II p (fut. устремлюсь, устремишься), устремляться I (устремля‖юсь, -ешься) to speed, to rush
сторона (pl. стороны, gen. pl. сторон) side; в сторону towards
пронестись I p (fut. пронес‖усь, -ёшься, past пронёсся, пронес‖лась, -лось, -лись), проноситься II (проношусь, проносишься) to hurtle
стать I p (стан‖у, -ешь) 1. to become; 2. to begin

спутник satellite
месяц (gen. pl. месяцев) month
вымпел pennant
полететь II p (fut. полечу, полетишь) to fly, to start flying
прилуниться II p (fut. прилунится) to land on the Moon
назначенн‖ый, -ая, -ое, -ые fixed
вскоре soon
вращаться I (вращá‖юсь, -ешься) to rotate
орбита orbit
передать irreg. p (fut. передам, передашь, передаст, передадим, передадите, передадут, past передал, -á, -о, -и) to transmit
сведения pl. information
тайна secret
важн‖ый, -ая, -ое, -ые important

УПРАЖНЕНИЯ. EXERCISES

1. Compose questions to which the words in thick type will be the answers:

1. **Первая** советская космическая ракета стала спутником Солнца. 2. Вторая советская ракета прилунилась **в назначенное время**. 3. **Третья** ракета стала вращаться по орбите вокруг Земли и Луны. 4. Третья советская ракета передала **на Землю** важные сведения. 5. Люди хотят больше знать **о тайнах космоса**.

2. Conjugate the verbs *вращáться* I and *проносúться* II (see Lesson 47).

3. Combine any of the ordinal numerals with the following nouns, bearing in mind gender and number:

буква, слово, день, неделя, месяц, год, час, минута, ракета.

4. Indicate the cases of the nouns in the first three paragraphs of the Text.

5. a. Group the words having the same root:

девя́тый, ко́смос, сове́т, пя́тый, второ́й, косми́ческий, сове́тский, де́вять, пронести́сь, бли́зко, вид, пять, вто́рник, ви́деть, ближа́йший, принести́, пя́тница.

b. Underline those used in the Text.
6. Memorize the Ordinal Numerals.
7. What is the gender, number and case of the ordinal numerals in the first three paragraphs of the Text?

УРОК ПЯТИДЕСЯТЫЙ
LESSON FIFTY

> Ordinal Numerals (Continued)
> Denoting Dates: Year, Month, Day
> Cases governed by Prepositions (Summary)

ГРАММАТИКА. GRAMMAR

1. Ordinal Numerals (Continued). — **Оди́ннадцатый** (11-й) 'eleventh', **двена́дцатый** (12-й) 'twelfth', **трина́дцатый** (13-й) 'thirteenth', **четы́рнадцатый** (14-й) 'fourteenth', **пятна́дцатый** (15-й) 'fifteenth', **шестна́дцатый** (16-й) 'sixteenth', **семна́дцатый** (17-й) 'seventeenth', **восемна́дцатый** (18-й) 'eighteenth', **девятна́дцатый** (19-й) 'nineteenth'.

двадца́тый (20-й) 'twentieth', **тридца́тый** (30-й) 'thirtieth', **сороково́й** (40-й) 'fortieth', **пятидеся́тый** (50-й) 'fiftieth', **шестидеся́тый** (60-й) 'sixtieth', **семидеся́тый** (70-й) 'seventieth', **восьмидеся́тый** (80-й) 'eightieth', **девяно́стый** (90-й) 'ninetieth', **со́тый** (100-й) 'hundredth'.

> Note. — In forming the ordinal numerals from 50 to 80 an и is inserted in the middle: пятьдеся́т — пятидеся́тый, etc.

As you know (see Lesson 49), all ordinal numerals have three gender forms and a plural form. In compound numerals only the last component is inflected for gender and number: пятьдеся́т пя́тый.

Abbreviations may be used for the ordinal numerals, for instance: **41-й** *m*, **41-я** *f*, **41-е** *n*, **41-ые** *pl.* — *the 41st*.

2. Denoting Dates: Year, Month, Day. — If we ask **какой (который) год?** 'what year?', **какой месяц?** 'what month?', **какое (которое) число?** 'what date?', the Nominative Case is used in the answer:

Какой теперь у нас год?	Теперь тысяча девятьсот семьдесят вт**ой** (1972) год.
What year is it now?	It is 1972.
Какой сейчас месяц?	Сейчас декабрь.
What month is it now?	It is December.
Какое сегодня число?	Сегодня двадцать шест**ое** (26-е).
What date is it today?	It is the twenty-sixth.

(The word **число** is usually omitted in the answer.)

In dates the name of the month is in the Genitive Case:

25-е декабря   1-е мая

To say on which date something happens, the ordinal numerals are used with the ending **-ого**:

пятого	on the fifth
десятого	on the tenth
двадцать восьмого	on the twenty eighth

The numeral **третий** takes the ending **-его**: **третьего** — 'on the third'.

Когда (какого числа) у нас будет следующий урок? — Второго марта.	When (on what date) shall we have our next lesson? — On the second of March.
Когда (какого числа) вы были в театре? — Двадцать третьего ноября.	When (on what date) did you go to the theatre? — On the twenty-third of November.

In this case the abbreviated forms of the dates are as follows:

5-го, 10-го, 28-го, 3-го, etc.

3. Cases governed by Prepositions (Summary).

Case	Prepositions
G.	без, вдоль, вокруг, для, до, из, мимо, около, после, посреди(не), против, **с** 'from', среди, у
D.	к (ко), по
A.	**в (во), за, на, под** (*direction*), через
I.	между, над, перед; **за, под** (*place*), **с** 'with'
Pr.	о (об), при; **в, на** (*place*)

Note. — 1. Prepositions which can be used with different cases are printed in thick type.
2. A noun is never used in the Nominative Case with any preposition.
Use the table given above for reference when needed.

ТЕКСТЫ. TEXTS

I. НАШ КАЛЕНДАРЬ

В году двенадцать месяцев. По-русски они называются так: январь, февраль, март, апрель, май, июнь, июль, август, сентябрь, октябрь, ноябрь, декабрь.

Январь — первый месяц года, февраль — второй, май — пятый, июль — седьмой, август — восьмой, а декабрь — двенадцатый и последний месяц года.

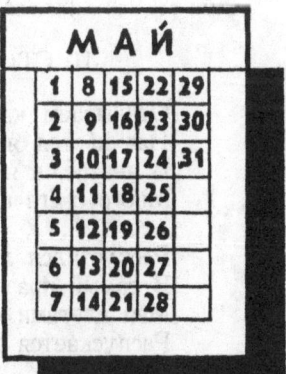

Какое сегодня число? — Сегодня у нас шестое сентября.

Какое число было вчера? — Вчера было пятое.

Какое число будет завтра? — Завтра будет седьмое.

Какой у нас теперь год? — Теперь у нас тысяча девятьсот семьдесят второй год. Прошлый год был тысяча девятьсот семьдесят первый, а следующий год будет тысяча девятьсот семьдесят третий.

Когда начинается год? — Он начинается первого января. Накануне — тридцать первого декабря — мы провожаем старый год и встречаем Новый. Первое января в СССР — праздник.

Учебный год в СССР начинается первого сентября и кончается в июне. Первого июля у студентов и школьников уже каникулы.

Каникулы летом[1] продолжаются два месяца. В это время в школах и вузах пусто. А первого сентября снова начинается учебный год.

СЛОВА. WORDS

так so
январь *m* (*gen.* -я) January
февраль *m* (*gen.* -я) February
март March
апрель *m* April
май May
июнь *m* June
июль *m* July
август August
сентябрь *m* (*gen.* -я) September
октябрь *m* (*gen.* -я) October
ноябрь *m* (*gen.* -я) November
декабрь *m* (*gen.* -я) December
число *here:* date
прошл‖ый, -ая, -ое, -ые last, past

следующ‖ий, -ая, -ее, -ие next
начинаться I (начинается), начаться I *p* (*fut.* начнётся) to begin
накануне (+ *gen.*) on the eve (of)
провожать I (провожа‖ю, -ешь) to set out
встречать I (встреча‖ю, -ешь) to bring in (New Year)
учебный год school year
кончаться I (кончается) to end
во время during
снова again

Note. — In the Prepositional Case with the preposition в the noun **год** takes the ending **-у**: в году 'in a (the) year'.

II. СТИХИ О МЕСЯЦАХ

Открываем календарь, —
Начинается январь.
В январе, в январе
Много снега на дворе.

. . . .

Распустился ландыш в мае
В самый праздник — в первый день.
Май цветами провожая,
Распускается сирень.

. . . .

Пришёл июнь. «Июнь, июнь!»
В саду щебечут птицы.

. . . .

Собираем в áвгусте
Урожáй плодóв[2]:
Мнóго лю́дям рáдости
Пóсле всех трудóв.

. . . .

Я́сным у́тром сентября́
Хлеб молóтят сёла,
Мчáтся пти́цы за моря́,
И откры́лась шкóла.

. . . .

В октябрé, в октябрé
Чáстый дóждик на дворé.

. . . .

В декабрé, в декабрé
Все дерéвья в серебрé.

С. Маршáк

СЛОВА. WORDS

распусти́ться II p (fut. распу́стится), распускáться I (распускáется) to blossom
лáндыш lily of the valley
провожáя seeing off
сирéнь f lilac
щебетáть I (щебéчет) to twitter, to chirp
собирáть I (собирá‖ю, -ешь) to gather
урожáй harvest
плод (gen. -á, pl. -ы́) fruit

рáдость f joy
молоти́ть II (молочу́, молóтишь) to thresh
мчáться II (мч‖у́сь, -и́шься) to hasten
открывáться I (открывáется), откры́ться I p (fut. откроется) to open (intr.)
чáст‖ый, -ая, -ое, -ые frequent
дóждик (dim. of дождь) rain
серебрó silver

ВЫРАЖЕНИЕ. EXPRESSION

на дворé out of doors

ПРИМЕЧАНИЯ. NOTES

[1] Compare:

весна́ spring — весно́й in spring
лéто summer — лéтом in summer
óсень f autumn — óсенью in (the) autumn
зимá winter — зимóй in winter

[2] Плоды́ and фру́кты are both translated 'fruit', but only the first may be used figuratively.

УПРАЖНЕНИЯ. EXERCISES

1. Pick out from the Text the dates and numbers of years and write them in their abbreviated forms.

Examples: 1-е ма́я, 1958-й год, 2-го сентября́.

2. Answer the following questions on the Text:

1. Ско́лько ме́сяцев в году́?
2. Как называ́ются ме́сяцы по-ру́сски?
3. Како́й тре́тий ме́сяц го́да?
4. Како́й оди́ннадцатый ме́сяц го́да?
5. Како́е сего́дня число́?
6. Како́е число́ бы́ло вчера́?
7. Како́е число́ бу́дет за́втра?
8. Како́й тепе́рь ме́сяц?
9. Како́й был про́шлый ме́сяц?
10. Како́й сле́дующий ме́сяц?
11. Когда́ мы встреча́ем Но́вый год?
12. Когда́ начина́ется уче́бный год в СССР?
13. Когда́ конча́ется уче́бный год?
14. Как до́лго продолжа́ются ле́том кани́кулы?

3. Use the words in brackets in the correct case:

a. 1. Москва́ лежи́т на (берега́) Москвы́-реки́. 2. В (центр) Москвы́ Кремль и Кра́сная пло́щадь. 3. Кана́л и́мени Москвы́ соединя́ет (Москва́-река́) с (Во́лга). 4. Зелёные дере́вья вдоль (у́лицы) украша́ют го́род. 5. Ка́ждый день к (Москва́) мчи́тся мно́го (поезда́) и (самолёты). 6. Мы лете́ли из (Ленингра́д) в (Москва́) на (самолёт).

b. 1. Мы плы́ли по (Во́лга) на (теплохо́д). 2. С (юг) на (се́вер) по (река́) перево́зят фру́кты и о́вощи. 3. По реке́ привозя́т ю́жные фру́кты (жи́тели) се́вера. 4. Над (Во́лга) голубо́е не́бо. 5. Теплохо́ды хо́дят по Во́лге с (апре́ль) по (октя́брь). 6. Ме́жду (Во́лга) и (Дон) есть кана́л. Он соединя́ет (Во́лга) с (Дон). 7. Зимо́й Во́лга спит под (снег). 8. Че́рез (Во́лга) есть не́сколько (мосты́).

4. Write sentences with every one of the prepositions given in the table on p.195.

5. Translate into Russian:

1. Today is March 3, yesterday was March 2, tomorrow will be March 4. 2. November 7 is a great holiday in the U.S.S.R. We do not work on November 7. 3. The school

year ends on June 30. July 1 is the first day of the holidays. 4. It is summer now. We went to the south in summer. 5. It rains often in autumn. I don't like autumn. 6. It will be spring soon. He will go away in spring. 7. It is cold in winter. Winter is the coldest time of the year.

6. Retell the Text using other dates.

7. Learn the verses by heart.

КЛЮЧ К УПРАЖНЕНИЯМ
KEY TO EXERCISES

Урок 1. Lesson 1

Ex. 2. Is the bridge there? Yes, it is there.
Ex. 3. Вот дом. Он тут.

Урок 2. Lesson 2

Ex. 2. дэ, тэ, эн; эм, бэ, пэ; вэ, эф; зэ, эс; эр.
Ex. 3. Country. Brother. Desk. Form. Work. Sport. Here is a vase. There is a rose there.
Ex. 4. 1. Вот дом и двор. 2. Порт там? Да, он там.

Урок 3. Lesson 3

Ex. 2. гэ, ка, ха.
Ex. 3. *Voiced consonants* (in thick type): Бумáга. Сáхар. Рукá. Вáза. Там.
Voiceless consonants (in thick type): Сáхар. Рукá. Там.
Ex. 4. Room. Railway carriage. Hand, arm. Bush, shrub. Sugar Bay.
Ex. 5. Кóмната. Вагóн. Рукá. Куст. Сáхар. Бýхта.
Ex. 6. 1. Вот кáрта СССР. 2. Вот станóк. 3. Вот дом и двор. 4. Мост там.

Урок 4. Lesson 4

Ex. 1. Москвá. Горá. Водá. Фонтáн. Кóмната. Доскá. Ногá.
Ex. 2. Москвá *f* (онá). Горá *f* (онá). Водá *f* (онá). Фонтáн *m* (он). Кóмната *f* (онá). Доскá *f* (онá). Ногá *f* (онá).
Ex. 3. 1. Это кáрта. 2. Вот фонтáн. 3. Это кóмната. 4. Вот доскá.

Урок 5. Lesson 5

Ex. 3. бýхта *f*, мост *m*, край *m*, окнó *n*, странá *f*.

Ex. 4. мой дом, моя карта, мой брат, моя парта, моё окно.
Ex. 5. 1. Он мой брат. 2. Он даёт урок. 3. Я это знаю. 4. Я пою. 5. Моя комната направо. 6. Я иду домой.

Урок 6. Lesson 6

Ex. 2. эл (эль).
Ex. 3. a) полка, слон, голова, лук, холодно, молоко, масло;
b) люк, гуляю, лето, вдали, люблю, самолёт, налево, лес, культура, бульвар.
Ex. 5. 1. Моя комната налево. 2. Зал направо. 3. Там поёт хор. 4. Я гуляю. 5. Там порт. 6. Там корабль.

Урок 7. Lesson 7

Ex. 1. Здесь идёт урок. Моё место здесь. Вот доска и мел. Вот моя книга. Это стихи.
Ex. 3. 1. Я говорю по-русски и понимаю по-английски. 2. Виктор говорит: «Я студент. Моя родина — СССР». 3. Я знаю это. 4. Как это слово по-русски?

Урок 8. Lesson 8

Ex. 2. весна f, стена f, земля f, поле n, север m, река f, неделя f.
Ex. 3. 1. Моя сестра — студентка. 2. Она понимает по-русски. 3. Сегодня холодно, она не гуляет.

Урок 9. Lesson 9

Ex. 2. цэ
Ex. 4. 1. Я певец. 2. Я даю концерт. 3. Он идёт в цирк. 4. Он любит цирк.

Урок 10. Lesson 10

Ex. 2. жэ, ша.
Ex. 4. наш журнал m, наша машина f, наше место n, наша земля f, наше поле n, наш корабль m, наша школа f.
Ex. 5. 1. Наш отец работает здесь. Он инженер. Он гражданин СССР. 2. Маша — тоже гражданка СССР. Она студентка. 3. Наш шкаф налево. 4. Ваш стол направо. 5. Ваша книга здесь. 6. Я пишу по-русски.

Урок 11. Lesson 11

Ex. 2. цэ, жэ, ша, че, ща.
Ex. 4. 1. Товарищ Щукин сейчас читает. 2. Моя дочь часто читает журнал «Культура и жизнь». 3. Я сейчас работаю.

Урок 12. Lesson 12

Ex. 3. *Voiced:* комната, лампа, роза, овощи, тоже, рыба.
Voiceless: комната, лампа, овощи, цех, тоже.

Ex. 4. вход [т], колхо́з [с], рожь [ш], снег [к], хлеб [п].
Ex. 5. 1. Это журна́л. 2. Вот моя́ статья́ и ва́ше объявле́ние. 3. Моя́ мать шьёт пла́тье. 4. Это наш клуб. Вот подъе́зд.

Уро́к 13. Lesson 13

Ex. 2. п, ф, т, ш, с.
Ex. 5. 1. Вот стол. Здесь таре́лка, ча́шка и стака́н, ви́лка, нож и ло́жка. Здесь то́же хлеб, ма́сло, мёд, молоко́ и чай, о́вощи и фру́кты. 2. Моя́ сестра́ лю́бит сыр, мой сын лю́бит мя́со.

Уро́к 14. Lesson 14

Ex. 1. a) Кто э́то? — Рабо́чий, инди́ец, студе́нтка, брат, учи́тель.
b) Что э́то? — По́ле, лес, самолёт, ма́сло, тетра́дь, голова́, хлеб, чай, рука́, нога́, весна́, ле́то.
Ex. 2. 1. Что э́то? — Это стол, стул и ла́мпа. 2. Это кни́га? — Нет, э́то не кни́га, э́то тетра́дь. 3. Кто э́то? — Это наш учи́тель. 4. Он говори́т по-англи́йски? — Нет, он не говори́т по-англи́йски, он говори́т по-ру́сски.

Уро́к 15. Lesson 15

Ex. 1.

Masculine	Feminine	Neuter
колхо́з	заря́	у́тро
урожа́й	река́	со́лнце
комба́йн	гидроста́нция	по́ле
учи́тель	дере́вня	
Ники́тин	рожь	
автомоби́ль	пшени́ца	
карто́фель	морко́вь	
лук	маши́на	
клуб	шко́ла	
	чита́льня	

Ex. 2. The car is going fast. The village is not far already. The school, the reading-room and the club are not far.
Ex. 3. 1. Сейча́с уже́ ночь. 2. Ярко све́тит луна́. 3. Маши́на идёт (Автомоби́ль е́дет) бы́стро. 4. Гидроста́нция недалеко́. 5. Вот шко́ла, клуб и чита́льня.
Ex. 5. два́дцать шесть, два́дцать семь, два́дцать во́семь, два́дцать де́вять.

Уро́к 16. Lesson 16

Ex. 1. поля́ — по́ле *n*, луга́ — луг *m*, го́ры — гора́ *f*, доли́ны — доли́на *f*, леса́ — лес *m*, ре́ки — река́ *f*, города́ — го́род *m*, дере́вни — дере́вня *f*, ша́хты — ша́хта *f*, заво́ды — заво́д *m*, у́лицы — у́лица *f*, пло́-

щади — площадь *f*, стадионы — стадион *m*, парки — парк *m*, дома — дом *m*.

Ex. 2. a) самолёты, колхо́зы, шко́лы, фа́брики, ко́мнаты;
b) слова́, столы́, слоны́, моря́, города́;
c) ру́ки, стра́ны, зе́мли, го́ры, но́ги, о́кна.

Ex. 3. 1. Вот наш го́род. 2. Вот фа́брики и заво́ды. 3. Там у́лицы, пло́щади, па́рки, стадио́ны, дома́ и шко́лы. 4. Река́ нале́во, лес напра́во. 5. По́ле недалеко́. 6. Э́то колхо́з «Заря́».

Ex. 5. три́дцать, три́дцать оди́н, три́дцать два, три́дцать три, три́дцать четы́ре, три́дцать пять, три́дцать шесть, три́дцать семь, три́дцать во́семь, три́дцать де́вять, со́рок.

Уро́к 17. Lesson 17

Ex. 1. де́лают, чита́ют — *3rd pers. pl.*; пи́шет, спра́шивает — *3rd pers. sing.*; зна́ешь — *2nd pers. sing.*; зна́ю — *1st pers. sing.*; отвеча́ет — *3rd pers. sing.*; пожива́ешь — *2nd pers. sing.*; пожива́ете — *2nd pers. pl.*; слу́шаем — *1st pers. pl.*; выступа́ет, поёт — *3rd pers. sing.*; пою́т — *3rd pers. pl.*

Ex. 2. My brothers Misha and Volodya and my sister Tanya are at home. What are they doing now? Volodya and Misha are reading and Tanya is writing. Volodya asks: "Tanya, do you know what 'How are you?' is in Russian?" "Of course I know," replies Tanya, "It is 'Как ты пожива́ешь?' 'Как вы пожива́ете?' in Russian."

Ex. 3. 1. Что де́лает Та́ня? — Она́ чита́ет. 2. Вы чита́ете? — Да, мы чита́ем. 3. Что де́лают студе́нты Ми́ша и Ко́ля? — Они́ пи́шут. 4. Что вы де́лаете? — Мы слу́шаем ра́дио. 5. Кто поёт сего́дня? — Певе́ц Зими́н и певи́ца Лавро́ва. 6. Они́ пою́т хорошо́? — Да, о́чень хорошо́.

Ex. 4. певе́ц, певи́ца; поёт, пою́т, пожива́ешь, пожива́ете.

Уро́к 18. Lesson 18

Ex. 1. пожива́ете — *2nd pers. pl. I*; зна́ю — *1st pers. sing. I*; ку́рите — *2nd pers. pl. II*; курю́ — *1st pers. sing. II*; изуча́ете — *2nd pers. pl. I*; говорю́ — *1st pers. sing. II*; чита́ю, пишу́ — *1st pers. sing. I*; изуча́ем — *1st pers. pl. I*; говори́те — *2nd pers. pl. II*; говори́м — *1st pers. pl. II*; говоря́т — *3rd pers. pl. II*; пожива́ют — *3rd pers. pl. I*.

Ex. 3. 1. Вы говори́те по-ру́сски? — Да, немно́го. 2. Вы ку́рите? — Нет, я не курю́. 3. Това́рищ Ивано́в пи́шет по-англи́йски? — Да, това́рищ Ивано́в хорошо́ пи́шет и говори́т по-англи́йски.

Ex. 5. хорошо́ 'well' — нехорошо́ 'bad(ly)'; давно́ 'long ago' — неда́вно 'not long ago'; до́лго 'for a long time' — недо́лго 'not for a long time', далеко́ 'far' — недалеко́ 'not far', 'near'.

Уро́к 19. Lesson 19

Ex. 1. иди́те, отдыха́йте, слу́шайте — *pl.*; смотри́, рису́й — *sing.*; не шуми́те — *pl.*; пусть поёт, пой — *sing.*

Ex. 2. рабо́тай(те), знай(те), кури́(те), смотри́(те).

Ex. 3. 1. гро́мко. 2. жа́рко. 3. бли́зко.

Ex. 4. 1. Читай(те) громко! 2. Он идёт медленно, пусть он идёт быстро. 3. Смотри(те) туда: там летят птицы. 4. Что делает Лена? — Она поёт. 5. Кто рисует? — Виктор (рисует).

Урок 20. Lesson 20

Ex. 2. 1. Чья это книга? — Моя. 2. Чей это карандаш? — Ваш. 3. Чьё это место? — Наше.

Ex. 3. 1. его. 2. её. 3. их. 4. их. 5. его.

Ex. 4. 1. Я англичанин, моё имя Вильям, моя фамилия Бэнкс. 2. Я изучаю русский язык. 3. Мой учитель — русский; его имя — Николай, его фамилия — Иванов.
Ex. 5. a) 1. Твой. 2. Твоя. 3. Твоё. 4. Твой.
b) 1. Ваш. 2. Ваша. 3. Ваше. 4. Ваши.
Ex. 6. муж, замужем.

Урок 21. Lesson 21

Ex. 1. For instance: молодая девушка — *f sing.*; молодой человек — *m sing.*; новые покупки — *f pl.*; голубое платье — *n sing.*, etc.
Ex. 2. Какой (это) костюм? Какая (это) шляпа? Какое (это) платье? Какие (это) ботинки.
Ex. 3. 1. Вот мой серый костюм. 2. Вот моя чёрная шляпа. 3. Ваше платье красное. 4. Ваши туфли белые.

Урок 22. Lesson 22

Ex. 1. хорошее весеннее утро — *n*; широкие поля — *n pl.*; большие луга *m pl.*; небо синее — *n*; воздух свежий — *m*; прекрасная весенняя погода — *f*; яркое весеннее солнце — *n*; зелёная молодая трава — *f*; яркие весенние цветы: синие... — *m pl.*; хороший, весенний день — *m*.
Ex. 2. большая хорошая деревня; большая хорошая фабрика; большое хорошее письмо; большой хороший город.
Ex. 3. яркое синее небо, яркая синяя бумага, яркий синий галстук, яркие синие цветы.
Ex. 4. Какой свежий воздух! 2. Сегодня воздух свежий. 3. Вот большое зелёное поле. 4. Поле большое и зелёное. 5. Встаёт солнце и освещает поля и луга.

Урок 23. Lesson 23

Ex. 1. *Adjectives:* более трудные (трудный), более длинные (длинный), более интересные (интересный), труднее (трудный), интереснее (интересный).
Adverbs: лучше (хорошо), раньше (рано), медленнее (медленно), хуже (плохо), громче (громко), быстрее (быстро), тише (тихо), больше (много), меньше (мало).
Ex. 2. новее, краснее, прекраснее, интереснее; громче, меньше, больше.

Ex. 3. 1. Город больше, чем деревня. 2. Сад меньше, чем парк. 3. Теперь я говорю по-русски лучше, чем раньше. 4. Новые упражнения труднее, чем старые. 5. Вы понимаете по-французски лучше, чем Виктор. 6. Моя комната меньше, чем ваша. 7. Мы идём теперь быстрее, чем раньше.

Урок 24. Lesson 24

Ex. 1. 1. Это, то. 2. Эта, та. 3. Эти, те. 4. Этот, тот. 5. Это, то.
Ex. 2. 1. самая. 2. самый. 3. самые. 4. самое. 5. самый.
Ex. 3. This is my bookcase. On the top shelf are my very best books: interesting novels and stories, poetry. I like these books. My most interesting book is this one, and the newest is that one. It is Puskin. Puskin is my favourite Russian poet. His poetry are my favourite ones. And here is Gorky. Gorky is the best known Soviet writer. I like his novels and stories very much.
Ex. 4. 1. Эта книга — самая интересная. Это самая интересная книга. 2. Эти журналы — самые новые. Это самые новые журналы. 3. Этот текст длинный. Это длинный текст. 4. Это слово — трудное. Это трудное слово. 5. Эти картины хорошие. Это хорошие картины.

Урок 25. Lesson 25

Ex. 1. У нас большая семья. — 'We are a big family.' Я у них самая младшая дочь. — 'I am their youngest daughter.' У меня есть брат и сестра. — 'I have a brother and a sister.' У него хорошая жена. — 'He has a good wife.' У них есть дети. — 'They have children.' У него тёмные волосы. — 'His hair is dark.' У неё светлые волосы. — 'Her hair is fair.' У них одна специальность. — 'They have the same speciality.' У меня большие планы на будущее. — 'I have great plans for the future.' Вот какая у нас семья. — 'Such is our family.' А какая семья у вас? — 'And what kind of family have you?'
Ex. 2. 1. у вас. 2. у него. 3. у вас. 4. у неё. 5. у тебя.
Ex. 3. 1. — У вас большая семья? 2. — У меня есть брат и сестра. 3. — Есть у них дети? — Да, есть. 4. — Вера и Лена замужем? — Вера замужем, а Лена — нет. 5. — Борис женат? — Нет ещё. 6. — А вы женаты (замужем)? — Нет, я не женат (не замужем). 7. — Кто ваша сестра? — Она учительница. 8. — Кто её муж? — Он инженер.

Урок 26. Lesson 26

Ex. 1. здорова, готова *f*; рады, здоровы *pl.*; болен, здоров, счастлив *m*.

Ex. 2. а) молод, молода, молодо, молоды; хорош, хороша, хорошо, хороши; свеж, свежа, свеже, свежи; готов, готова, готово, готовы; счастлив, счастлива, счастливо, счастливы; высок, высока, высоко, высокий)
б) прекрасен, прекрасна, прекрасно, прекрасны; ясен, ясна, ясно, ясны; сердечен, сердечна, сердечно, сердечны; ярок, ярка, ярко, ярки.
Ex. 3. 1. a) The clear sky. b) The sky is clear. 2. a) A happy girl. b) The girl is happy. 3. a) An interesting book. b) The book is intere-

sting. 4. a) Healthy children. b) The children are in good health. 5. a) A sick man. b) The man is ill.

Ex. 4. 1. — Что у вас боли́т? — У меня́ боли́т го́рло. 2. — Ваш оте́ц бо́лен? Что у него́ боли́т? — У него́ боля́т но́ги. 3. — Как вы себя́ чу́вствуете? — Хорошо́, спаси́бо. (Спаси́бо, хорошо́.)

Ex. 6. здоро́вье, здоро́ва; боля́т (боли́т), бо́лен.

Урок 27. Lesson 27

Ex 1. It is Sunday today, one may sleep as much as one wants. 2. You must not sleep too long. 3. What do you want to do today? 4. Our best teams are due to play today. 5. I can't stay at home then. 6. We must go to the football (match).

Ex. 2. 1. до́лжен. 2. должна́. 3. должны́. 4. должны́. 5. должно́.

Ex. 4. a. 1. сплю, спишь, спит, спим, спи́те, спят. 2. встаю́, встаёшь, встаёт, встаём, встаёте, встаю́т. 3. сижу́, сиди́шь, сиди́т, сиди́м, сиди́те, сидя́т. 4. смотрю́, смо́тришь, смо́трит, смо́трим, смо́трите, смо́трят.

b. 1. хочу́, хо́чешь, хо́чет, хоти́м, хоти́те, хотя́т. 2. могу́, мо́жешь, мо́жет, мо́жем, мо́жете, мо́гут.

Ex. 5. 1. Вы не мо́жете чита́ть немно́го быстре́е? — Да, могу́. 2. Мы хоти́м говори́ть по-ру́сски. 3. Я хочу́ хорошо́ говори́ть по-ру́сски.

Урок 28. Lesson 28

Ex. 1. мы чита́ли, писа́ли, слу́шали — pl.; учи́тель расска́зывал — m sing.; была́ ка́рта — f sing.; он говори́л — m sing.; бы́ло мо́ре — n sing.; шуме́ли во́лны, бы́ли зали́вы — pl.; рос лес — m sing.; э́то бы́ло — n sing.

Ex. 2. 1. был (была́). 2. бы́ли. 3. была́. 4. бы́ло. 5. бы́ли.

Ex. 3. говори́л, -а, -о, -и; рисова́л, -а, -о, -и; изуча́л, -а, -о, -и; гуля́л, -а, -о, -и; игра́л, -а, -о, -и; находи́л, -а, -о, -и; слу́шал, -а, -о, -и.

Ex. 5. соль, нефть f; у́голь m

Ex. 6. Ру́сская равни́на — f sing.; морски́е во́лны — f pl.; морски́е зали́вы m pl.; больши́е ша́хты — f pl.; огро́мный, могу́чий лес — m sing.

Ex. 7. вчера́, снача́ла, пото́м, тепе́рь, ра́ньше, давно́.

Урок 29. Lesson 29

Ex. 1. 1. могли́. 2. могла́. 3. мог. 4. могли́.

Ex. 2. 1. Пого́да была́ хоро́шая. 2. Со́лнце свети́ло; как бы́ло тепло́! 3. Мо́жно бы́ло гуля́ть за́ городом. 4. Мы не должны́ бы́ли сиде́ть до́ма. 5. Жаль, что ну́жно бы́ло ра́но е́хать домо́й. 6. Здесь нельзя́ бы́ло шуме́ть.

Ex. 3. 1. Я не мог вчера́ смотре́ть футбо́л. 2. Я до́лжен был (должна́ была́) идти́ на уро́к. 3. Там нельзя́ бы́ло кури́ть. 4. Что вам ну́жно бы́ло де́лать вчера́?

Ex. 4.

Personal Sentences	Impersonal Sentences
шёл дождь	бы́ло хо́лодно и сы́ро
дул си́льный ве́тер	бы́ло тепло́

погóда былá... лýчше
свети́ло сóлнце
нéбо бы́ло си́нее

бы́ло óчень хорошó
бы́ло ... светлó

Урок 30. Lesson 30

Ex. 1. бýдем отдыхáть, бýдем проводи́ть — *1st pers. pl.*; бýдет совершáть, бýдет игрáть — *3rd pers. sing.*

Ex. 2. 1. We shall have (our) holidays. 2. When will you go on leave (*lit.*: when you have your leave)? 3. One will be able to swim in summer as much as one wants. 4. It will be nice. 5. When shall we play tennis? 6. When will it be possible to swim? 7. It will not be permitted to smoke there.

Ex. 3. 1. Скóро у нас бýдет прáздник. 2. Мы не бýдем рабóтать. 3. Я бýду отдыхáть. 4. У нас бýдут гóсти. 5. Мы бýдем петь.

Ex. 5. 1. отдыхáть. 2. проводи́ть. 3. игрáть. 4. совершáть. 5. плáвать.

Урок 31. Lesson 31

Ex. 1. былá — *Past, f sing., I*; бы́ло — *Past, n sing., I*; дул — *Past, m sing., I*; шумéло — *Past, n sing., II*; заливáли — *Past, pl., I*; был — *Past, m sing., I*; шумя́т — *Pres., 3rd pers., pl., II*; живёт — *Pres., 3rd pers., sing., I*; гуля́ют, игрáют, бéгают — *Pres., 3rd pers., pl., I*; бýдет — *Fut., 3rd pers., sing., I*; бýдут — *Fut., 3rd pers., pl., I*; бýдет свети́ть — *Comp. Fut., 3rd pers., sing. II.*

Ex. 2. *Present:* я учý, ты ýчишь, он, онá ýчит; мы ýчим, вы ýчите, они́ ýчат. *Past:* я учи́л, -а, ты учи́л, -а, он учи́л, онá учи́ла, мы, вы, они́ учи́ли. *Future:* я бýду учи́ть, ты бýдешь учи́ть, etc. *Imperative:* учи́, учи́те.

Ex. 3.

Stem			Ending
Prefix	Root	Suffix	
a.	мóр		е
	мор	ск	óй
при	мóр	ск	ий
b.	свет		
	свет	й -| ть	
	свéт	л	ый
рас	свéт		

Ex. 4. 1. Моя́ сестрá вчерá читáла, а мой брат писáл письмó. 2. Мой отéц сейчáс отдыхáет, а я рабóтаю. 3. Зáвтра мы бýдем смотрéть футбóл.

Ex. 5. Сегóдня си́льная бýря. Хóлодно и дýет ... вéтер. Мóре шуми́т ... вóлны заливáют ... сквер пуст.

Завтра будет тихо и тепло. Море будет спокойно. Волны не будут шуметь. Завтра будет воскресенье, и ... сквер будет жить: здесь будут гулять взрослые, играть и бегать дети.

Вчера и позавчера тоже была хорошая погода. Ночи были светлые. Ярко светила ... луна. И прекрасен был рассвет.

Урок 32. Lesson 32

Ex. 1. готовил — приготовил, учил — выучил, делал — сделал, писал — написал, читал — прочитал, говорил — сказал.

Ex. 2. будет готовить — приготовит, будет учить — выучит, будет делать — сделает, будет писать — напишет, будет читать — прочитает, будет говорить — скажет.

Ex. 3. *Past:* я сделал, -а, ты сделал, -а, он сделал, она сделала, мы, вы, они сделали. *Future:* я сделаю, ты сделаешь, он, она сделает, мы сделаем, вы сделаете, они сделают. *Imperative:* сделай, сделайте.

Past: я выучил, -а, ты выучил, -а, он выучил, она выучила, мы, вы, они выучили. *Future:* я выучу, ты выучишь, он, она выучит, мы выучим, вы выучите, они выучат. *Imperative:* выучи, выучите.

Ex. 4. изучал, учил, выучил, выучит; готовил, приготовил, приготовит; делал, сделал, сделает, etc.

Ex. 5. а) строили, б) построили. 2. а) читала. б) читали, прочитали. 3. а) повторили, б) повторял.

Урок 33. Lesson 33

Ex. 1. пойдём — *1st pers. pl.;* пойти — *inf.;* посмотрим, совершим, увидим, услышим, узнаем — *1st pers. pl.*

Ex. 2. a) Prefixes in the perfective aspect. b) Different suffixes. c) Different roots.

Ex. 3. 1. Я совершил прекрасное путешествие. 2. Мы видели и слышали много интересного. 3. Мы узнали это давно. 4. Завтра мы пойдём в кино.

Ex. 4. Борис *m*, кино *n*, кинотеатр, мир, фильм *m*, страна *f*, путешествие, удовольствие *n*.

Урок 34. Lesson 34

Ex. 3. 1. отцом. 2. уроке. 3. братом. 4. театре. 5. мире. 6. стулом. 7. Ленинграде. 8. молоком. 9. сахаром.

Ex. 4. *Infinitive:* помочь. *Past Tense:* помог, помогла, помогло, помогли. *Future Tense:* помогу, поможешь, поможет, поможем, поможете, помогут. *Imperative:* помоги, -те.

Infinitive: помогать. *Present Tense:* помогаю, помогаешь, помогает, помогаем, помогаете, помогают. *Past Tense:* помогал, помогала, помогало, помогали. *Future Tense:* буду помогать, будешь помогать, etc. *Imperative:* помогай, -те.

Ex. 5. 1. Студент разговаривал (говорил) с профессором. 2. Профессор читал (прочитал) его реферат. 3. У него хорошее мнение о студенте. 4. Комсомольск — большой дальневосточный город. 5. Это совсем молодой город. 6. Советская молодёжь дала городу его имя.

Ex. 6. небольша́я аудито́рия *f*, хоро́шее мне́ние *n*, молодо́й дальневосто́чный го́род *m*, сове́тская молодёжь *f*, городско́й сове́т, кру́пный промы́шленный и культу́рный центр *m*.

Уро́к 35. Lesson 35

Ex. 2. 1. студе́нтам. 2. профе́ссору. 3. това́рищам. 4. университе́тах, институ́тах. 5. университе́т, студе́нтов. 6. ученико́в. 7. това́рищами. 8. города́х, сёлах. 9. города́ми. 10. леса́м, луга́м. 11. города́м, 12. вечера́м.
Ex. 3. a) 1, 2. -я- — -и-. 3. -ива- — -е- 4. -ыва- — -а-
b) 1. Prefix in the perf. aspect. 2. Suffix dropped in the perf. aspect.
Ex. 4. го́род, городско́й; по́лный, заполня́ть; интересова́ть, интере́сный; гото́в, гото́вить; знать, зна́ние; жить, общежи́тие; стро́ить, строи́тельство; сове́т, сове́тский.
Ex. 5. 1. постро́или. 2 позво́лила. 3. вы́росло.
Ex. 6. 1. постро́ят. 2. позво́лит. 3. вы́растет.

Уро́к 36. Lesson 36

Ex. 1. 1. Кремле́. 2. госте́й. 3. това́рищем. 4. геро́ев. 5 музе́ях. 6. поля́х. 7. автомоби́лях. 8. иностра́нцев 9. това́рищей.
Ex. 2. Чей прие́зд (прие́зд кого́) ра́дует колхо́зников? Кому́ они́ пока́зывают поля́ и фе́рмы? Кого́ интересу́ют колхо́зная те́хника, обрабо́тка поле́й, колхо́зные фе́рмы? Кто приве́тствует геро́ев социалисти́ческого труда́? С кем бесе́дуют колхо́зники? О ком они́ ча́сто вспомина́ют пото́м?
Ex. 4. придава́ть — прида́ть, пока́зывать — показа́ть — suffix dropped in the perfective aspect; ра́довать — обра́довать, бесе́довать — побесе́довать — prefix in the perfective aspect.
Ex. 5. a. жизнь, обрабо́тка, приве́тствуют, бесе́дуют;
b. стари́нная, прида́ли, неповтори́мый, расска́зы, иностра́нные.
Ex. 6. 1. ча́сто. 2. до́лго. 3. тепло́.
Ex. 7. Колхо́зники — кто?, пока́зывают — что де́лают?, гостя́м — кому́?, поля́ — что?, зелёные — каки́е?

Уро́к 37. Lesson 37

Ex. 2. a. 1. a) идём. б) хо́дим. 2. a) хо́дите. б) идёте. 3. a) иду́т. б) хо́дят. 4. a) хо́дит. б) идёт. 5. a) хо́дит. б) идёт.
b. 1. б) ходи́ли. 2. a) ходи́ли. б) шли. 3. б) ходи́ли. 4. a) ходи́ла 5. a) ходи́ли. б) шёл.
Ex. 3. 1. кни́гу, журна́л. 2. грамма́тику. 3 му́зыку. 4. му́зыке 5. библиоте́ке. 6. библиоте́ку. 7. кни́гу, сестре́. 8. Москву́. 9. у́лице 10. у́лице. 11. Ве́рой. 12. шко́ле. 13. Ле́ны. 14. учи́тельницы. 15. крючко́м.
Ex. 4. шко́ла — *Nom.*, шко́лы — *Gen.*, шко́ле — *Dat.*, ря́дом со шко́лой — *Instr.*, в шко́лу — *Acc.*, в шко́ле — *Prepos.*
Ex. 7. 1. Чем вы пи́шете сейча́с? Я пишу́ ру́чкой. 2. Ви́ктор пи́шет карандашо́м. 3. Моя́ мать о́чень хорошо́ вя́жет спи́цами. 4. Он рису́ет перо́м.

Урок 38. Lesson 38

Ex. 1. женщины — *Nom.*; (труд) женщин, среди женщин — *Gen.*; женщинам — *Dat.*; (выбирает) женщин — *Acc.*; женщины — *Nom.*; вместе с женщинами — *Instr.*; о женщинах — *Prepos.*

Ex. 3. b) буду доверять, будешь доверять, etc.; доверю, доверишь, etc.; буду верить, будешь верить, etc.; поверю, поверишь, etc.

Ex. 4. 1. школы. 2. школы. 3. школах. 4. школам. 5. школ. 6. школами.

Ex. 5. доверяет, население, женщины, учёные, наука, (органы) управления.

Урок 39. Lesson 39

Ex. 2. делать, неделя, понедельник; четверг, четыре, пять, пятница; среда, среди.

Ex. 3. 1. В среду после работы я ходил в кино. 2. В субботу вечером я иду на концерт. 3. Что вы будете делать во вторник и в четверг? 4. Наш учитель даёт уроки по средам и пятницам. 5. Я сделаю это упражнение к понедельнику.

Ex. 4. забывать — забыть — suffix dropped in the perf. aspect; печь — испечь — prefix in the perf. aspect; покупать — купить — prefix in the imperf. aspect, change of suffix; танцевать — потанцевать — prefix in the perf. aspect, приготовлять — приготовить — interchange in the root and different suffixes.

Ex. 5. 2. испеку, испечёшь, испечёт, испечём, испечёте, испекут.

Ex. 6. вторник, среда — *Nom.*; в понедельник, во вторник — *Acc.*; по вторникам, по средам — *Dat. pl.*; четверг — *Nom.*; в воскресенье — *Acc.*; к воскресенью — *Dat.*; в пятницу, в субботу — *Acc.*

Урок 40. Lesson 40

Ex. 2. недель — *Gen. pl.*; в пустыню, через пустыню — *Acc. sing.*; пустыне — *Dat. sing.*; пустыни — *Gen. sing.*; в пустыне — *Prepos. sing.*; пустынь — *Gen. pl.*; пустыни, деревни — *Nom. pl.*

Ex. 3. 1. землю. 2. лес. 3. Таню, 4. Таней. 5. пустынях. 6. неделю, деревню. 7. Соне, книгу. 8. деревнями. 9. песню, родине. 10. деревнях.

Ex. 5. приедет — *Fut., I p.*; работал — *Past, I imp.*; прошёл — *Past, I p.*; дал — *Past, irr. p.*; преобразила — *Past, II p.*; пройдёт — *Fut., I p.*; будут — *Fut., I imp.*; построили — *Past, II p.*, преобразили — *Past, II p.*, растёт — *Pres., I imp.*, поют — *Pres., I imp.*, были — *Past, I imp.*; возникли, выросли — *Past, I p.*; строил — *Past, II imp.*

Ex. 6. построит. 2. поедет. 3. даст. 4. преобразит. 5. пройдёт.

Ex. 7. 1. Народы построят здесь каналы. 2. Молодые инженеры поедут... 3. Каналы дадут... 4. Каналы преобразят... 5. Каналы пройдут...

Урок 41. Lesson 41

Ex. 2. на пристани — *Prepos. sing.*; к пристани — *Dat. sing.*; в... юности — *Prepos. sing.*; в память — *Acc. sing.*; при жизни — *Prepos.*

sing.; кровать — *Nom. sing.*; на... кровати — *Prepos. sing.*; рядом с кроватью — *Instr. sing.*; национальностей — *Gen. pl.*

Ex. 3. 1. жизни, деревне. 2. ночи. 3. кровати. 4. книгами, стены. 5. окна. 6. детстве, юности. 7. деревни. 8. площади. 9. национальности. 10. площади, города.

Ex. 4. на пристани — где?; к пристани — куда?, к чему?; в Ульяновске — где?; здесь — где?; в детстве и юности — когда?; в дом-музей — куда?; на улицу Ленина — куда?; В доме — где?; при... жизни — когда?; посреди комнаты — где?; вокруг стола — где?; у окон — где?; у стены — где?; наверх, в комнату — куда?; На... кровати — где?; рядом с кроватью — где?; у окна, на стене — где?

Ex. 5. 1. Куда? К чему? Какой теплоход? 2. Что могут осмотреть пассажиры? 3. Чей отец был учителем? Кем был отец Виктора? 4. У кого было много книг? 5. Чья сестра учила...? Чему учила детей сестра Лёны? 6. Что я люблю?

Ex. 6. 1. Город Ульяновск стоит на берегу Волги. 2. Это родной город Ленина. 3. В доме, где жил Ленин и его родители, теперь музей. 4. В детстве и юности Ленин жил в Ульяновске (Симбирске). 5. Он любил Волгу.

Урок 42. Lesson 42

Ex. 2. 1. с, из. 2. С. 3. с. 4. из, от. 5. от. 6. из. 7. от. 8. из. 9. От. 10. из.

Ex. 3. 1. братом. 2. горы. 3. поля, песнями. 4. утра. 5. цветами. 6. стола.

Ex. 4. 1. промышленный. 2. мощные. 3. последняя. 4. большой. 5. молодой.

Ex. 5. 1. соединяет. 2. плывут. 3. течёт. 4. перевозят. 5. впадает.

Ex. 6. 1. Вокруг дома большой сад. 2. Автомобиль едет мимо театра. 3. Я был(а) в деревне около недели. 4. Самолёт летел от Ленинграда до Москвы около часа. 5. С самолёта мы видели города и деревни.

Урок 43. Lesson 43

Ex. 3. 1. дома. 2. школы. 3. окна, улицу. 4. реки. 5. деревни, города. 6. театра. 7. стадиона, школы. 8. библиотеки. 9. дороге, леса. 10. озера.

Ex. 4. 1. Когда мы ходили в театр? 2. Что мы слушали? 3. Чем был доволен профессор? 4. Кому мы аплодировали? 5. Какие у вас были места? 6. Где мы сидели?

Ex. 5. 1. В центре города большая площадь. 2. Здание школы большое. 3. Вот книга товарища Иванова. 4. Я помню все слова «Песни о Родине». 5. Мы пойдём в театр после обеда. 6. Я сидел против певца певицы).

Урок 44. Lesson 44

Ex. 4. 1. лампы. 2. концерта. 3. уроков. 4. газеты, журнала, письма. 5. воды. 6. сада. 7. бури. 8. луны. 9. урока.

Ex. 5. 1. без Лёны. 2. без отца. 3. без учителя. 4. без письма. 5. без молока. 6. без фруктов. 7. без книг.

Ex. 6. 1. Вчера́ у нас был уро́к. Вчера́ у нас не́ было уро́ка. 2. За́втра у нас бу́дут го́сти. За́втра у нас не бу́дет госте́й. 3. Сего́дня в клу́бе бу́дет ле́кция. Сего́дня в клу́бе не бу́дет ле́кции.

Уро́к 45. Lesson 45

Ex. 3. 4. не́сколько челове́к, тури́стов, ю́ношей, де́вушек — *pl.*; мно́го киломе́тров — *pl.*; принесли́ карто́феля — *sing.*; принесли́ огурцо́в, помидо́ров — *pl.*; принесли́ лу́ка — *sing.*; 5 ли́тров — *pl.*; молока́ — *sing.*, три деся́тка — *sing.*; яи́ц — *pl.*; съешь сала́ту, колбасы́, сы́ру — *sing.*; дай... ча́ю — *sing.*; вы́пили ча́ю... — *sing.*

Ex. 5. 1. языко́в. 2. книг, тетра́дей. 3. хле́ба, молока́. 4. воды́. 5. газе́т, журна́лов. 6. киломе́тров. 7. све́та. 8. помидо́ров. 9. ма́сла. 10. слов. 11. ча́ю. 12. ча́ю, са́харом.

Уро́к 46. Lesson 46

Ex. 4. 1. два ножа́, две ви́лки. 2. де́сять слов. 3. пять неде́ль. 4. два́дцать три киломе́тра. 5. три бу́квы. 6. молока́, хле́ба. 7. четы́ре часа́, пятна́дцать мину́т. 8. три мину́ты. 9. два́дцать во́семь книг. 10. два́дцать пять уро́ков.

Уро́к 47. Lesson 47

Ex. 1. 1. У кого́ о́тпуск? 2. Где сейча́с Га́ля? 3. Где нахо́дится дом о́тдыха? 4. Кака́я стои́т пого́да? 5. Когда́ встаёт Га́ля? 6. Что де́лает Га́ля у́тром? 7. Куда́ идёт пото́м Га́ля? 8. Что она́ там де́лает? 9. Как до́лго (Ско́лько вре́мени) продолжа́ются заня́тия гимна́стикой. 10. Когда́ Га́ля идёт купа́ться? 11. С кем гуля́ет Га́ля по бе́регу реки́? 12. Куда́ идёт пото́м Га́ля? 13. Что де́лает Га́ля по́сле обе́да? 14. Когда́ все пьют чай? 15. Чем занима́ется молодёжь до у́жина? 16. Что де́лают молоды́е лю́ди по́сле у́жина? 17. Ско́лько раз в неде́лю в до́ме о́тдыха организу́ются экску́рсии?

Ex. 2. Я встаю́... умыва́юсь... причёсываюсь... надева́ю... встреча́юсь... идём.

Ex. 3. встава́л, встава́ла, встава́ло, встава́ли; шёл, шла, шло, шли; умыва́лся, умыва́лась, умыва́лось, умыва́лись; причёсывался, причёсывалась, причёсывалось, причёсывались; одева́лся, одева́лась, одева́лось, одева́лись.

Ex. 4. *Inf.*: занима́ться I. *Pres. T.*: занима́юсь, занима́ешься, занима́ется, занима́емся, занима́етесь, занима́ются; *Past T.*: занима́лся *m*, занима́лась *f*, занима́лось *n*, занима́лись *pl.*; *Fut. T.*: бу́ду занима́ться, бу́дешь занима́ться, etc.; *Imper.*: занима́йся, занима́йтесь.

Inf.: находи́ться II. *Pres. T.*: нахожу́сь, нахо́дишься, нахо́дится, нахо́димся, нахо́дитесь, нахо́дятся; *Past T.*: находи́лся *m*, находи́лась *f*, находи́лось *n*, находи́лись *pl.*; *Fut. T.*: бу́ду находи́ться, бу́дешь находи́ться, etc.; *Imper.*: находи́сь, находи́тесь.

Ex. 5. 1. умыва́емся, одева́емся. 2. продолжа́ется. 3. занима́юсь. 4. нахо́дится. 5. одева́йтесь.

Ex. 6. For example: умыва́ется — *reflexive*; встреча́ется — *reciprocal*; организу́ются — *passive*; нахо́дятся — *neuter*.

Ex. 7. сорок семь километров, пятьдесят девять километров, шестьдесят четыре километра, семьдесят восемь километров, восемьдесят три километра; девяносто километров, сто один километр.
Ex. 8. 1. Я был дома весь день. Он не любит спать днём. 2. Он придёт вечером. Я был с ним весь вечер. 3. Ночью мы спим. Ночь была прекрасна. 4. Наступило утро. Утром шёл дождь.

Урок 48. Lesson 48

Ex. 1. 1. Какие самолёты летают с большой скоростью? 2. Что соединяют авиалинии? 3. Что делают советские самолёты? Куда они летают? 4. Сколько километров между Москвой и Ленинградом? 5. Сколько времени летит самолёт ТУ-104 от Москвы до Ленинграда? 6. Куда летит самолёт? 7. Где плывёт лодка? 8. Откуда и куда мы ехали? 9. Где широкая улица? 10. Куда Николай положил письмо?
Ex. 3. 1. землёй. 2. рекой. 3. лесом. 4. полем. 5. домом. 6. окнами. 7. школой. 8. городом, деревней. 9. стеной. 10. реке, мостом. 11. улице, песнями.
Ex. 4. 1. на, под. 2. Между. 3. за. 4. Над. 5. под. 6. Перед. 7. с.

Урок 49. Lesson 49

Ex. 1. 1. Которая советская космическая ракета стала спутником Солнца? 2. Когда прилунилась вторая советская ракета? 3. Которая ракета стала вращаться по орбите вокруг Земли и Луны? 4. Куда передала третья советская ракета важные сведения? 5. О чём хотят больше знать люди?
Ex. 4. год — *m sing., Nom.*; в течение года — *m sing., Gen.*; в космос — *m sing., Acc.*; ракеты — *f pl., Nom.*; в начале — *n sing., Prepos.*; года — *m sing., Gen.*; в сторону — *f sing., Acc.*; Луны — *f sing., Gen.*; ракета — *f sing., Nom.*; мимо Луны — *f sing., Gen.*; спутником *m sing., Instr.*; Солнца — *n sing., Gen.*; месяцев — *m pl., Gen.*; на Луну — *f sing., Acc.*; с вымпелом — *m sing., Instr.*; в... время — *n sing., Acc.*
Ex. 7. тысяча девятьсот пятьдесят девятый (год) — *m Nom.*; первые (ракеты) — *pl. Nom.*; первая (ракета), вторая (ракета) — *f Nom.*

Урок 50. Lesson 50

Ex. 3. а) 1. берегах. 2. центре. 3. Москву-реку, Волгой. 4. улиц. 5. Москве, поездов, самолётов 6. Ленинграда, Москву, самолёте.
б) 1. Волге, теплоходе. 2. юга, север, реке. 3. жителям. 4. Волгой. 5. апреля, октябрь. 6. Волгой, Доном, Волгу, Доном. 7. снегом. 8. Волгу, мостов.
Ex. 5. 1. Сегодня третье марта, вчера было второе марта, завтра будет четвёртое марта. 2. Седьмое ноября — большой праздник в СССР. Мы не работаем седьмого ноября. 3. Учебный год кончается тридцатого июня. Первое (первого) июня — первый день каникул. 4. Сейчас лето. Летом мы поехали на юг. 5. Осенью часто идёт дождь. Я не люблю осень. 6. Скоро будет весна. Он уедет весной. 7. Зимой холодно. Зима — самое холодное время года.

РУССКО-АНГЛИЙСКИЙ СЛОВАРЬ
RUSSIAN-ENGLISH VOCABULARY

Nouns are followed in the vocabulary by the letters *m*, *f* or *n* which indicate their gender. If the declension of some noun has any peculiarities, these are indicated in brackets.

Adjectives and *pronouns* are given in their gender forms and in the plural.

The infinitive of a *verb* is followed by the indication of the conjugation it belongs to (I or II) and the forms (of the 1st and 2nd person mostly) of the Present Tense if the verb is imperfective or of the Future Tense if it is perfective. If the Past Tense of a verb is not formed according to general rules, its forms are given too.

Perfective verbs are marked by the letter *p*.

Abbreviations Used in the Vocabulary:

acc., accusative
adj., adjective
adv., adverb
attr., used attributively
conj., conjunction
conjug., conjugation
dat., dative case
dem, demonstrative
dim., diminutive
dir., direction
f, feminine
fut., future tense
gen., genitive case
instr., instrumental case
interj., interjection
interr., interrogative
intr., intransitive verb

irr., irregular verb
lit., literally
m, masculine
n, neuter
num., numeral
p, perfective
part., particle
pers., personal
pl., plural
poss., possessive
prep., preposition
prepos., prepositional case
pres., present tense
pron., pronoun
sing., singular
tr., transitive verb

А а

а *conj.* and, but
áвгуст *m* August
авиали́ния *f* airline
авто́бус *m* bus
автомоби́ль *m* motor-car
автомоби́льн‖ый, -ая, -ое, -ые motor-car (*attr.*)
агроно́м *m* agronomist
агрономи́ческ‖ий, -ая, -ое, -ие agronomic
акти́вно *adv.* actively
алло́! *interj.* hello!
алфави́т *m* alphabet
альбо́м *m* album
америка́нец *m* (*gen.* америка́нца, *pl.* америка́нцы) American (*a man*)
америка́нка *f* (*gen. pl.* америка́нок) American (*woman*)
анги́на *f* sore throat, tonsillitis
англича́нин *m* (*pl.* англича́не) Englishman
англича́нка *f* (*gen. pl.* англича́нок) Englishwoman
аплоди́ровать I (аплоди́ру‖ю, -ешь) to applaud
апре́ль *m* April
арти́ст *m* artiste, singer, actor
арти́стка *f* (*gen. pl.* арти́сток) actress, singer
архите́ктор *m* architect
аудито́рия *f* lecture hall
аэродро́м *m* aerodrome
аэропла́н *m* plane, airplane

Б б

бал *m* ball, dance
бале́т *m* ballet
ба́нка *f* (*gen. pl.* ба́нок) tin, jar
ба́ржа *f* barge
ба́шня *f* (*gen. pl.* ба́шен) turret, tower
бе́гать I (бе́га‖ю, -ешь) to run
бежа́ть *irr.* (бегу́, бежи́шь... бегу́т) to run
без *prep.* (+ *gen.*) without
бе́л‖ый, -ая, -ое, -ые white
бельги́ец *m* (*pl.* бельги́йцы) a Belgian (*man*)
бельги́йка *f* (*pl.* бельги́йки, *gen. pl.* бельги́ек) a Belgian (*woman*)
бельё *n* linen
бе́рег *m* (*pl.* -á) shore
бесе́довать I (бесе́ду‖ю, -ешь) to talk, to converse
библиоте́ка *f* library
биле́т *m* ticket; card
бли́зко (it) is near; *adv.* near
блонди́нка *f* (*gen. pl.* блонди́нок) blonde
бо́др‖ый, -ая, -ое, -ые cheerful, brisk
бо́лее *adv.* more
боле́ть II (боли́т) to hurt, to ache; Что у вас боли́т? What hurts you? What is wrong with you?
больно́й *m*, больна́я *f*, больны́е *pl.* sick person, patient
бо́льше *adj.* bigger, larger; *adv.* more
больш‖о́й, -а́я, -о́е, -и́е big, large
борьба́ *f* struggle
боти́нки *pl.* (*sing.* боти́нок, *gen.* боти́нка) boots
брат *m* (*pl.* бра́тья) brother
брать I (бер‖у́, -ёшь) to take
бу́дущее *n* the future; на ~ for the future
бу́ква *f* letter
бу́лка *f* (*gen. pl.* бу́лок) roll
бу́лочка *f* (*gen. pl* бу́лочек, *dim. of* бу́лка) bun, a sweet roll
бульва́р *m* avenue, boulevard
бума́га *f* paper
бу́ря *f* storm
бутербро́д *m* sandwich
бу́хта *f* bay
бы́вш‖ий, -ая, -ее, -ие former
бы́стро *adv.* fast, quickly, rapidly
бы́стр‖ый, -ая, -ое, -ые fast, quick, rapid
быть I (*pres.* есть, *fut.* бу́д‖у, -ешь) to be

В в

в *prep.* (+ *acc. dir.*, + *prepos. place*) in, into, to, at
ваго́н *m* railway carriage, box-car

ва́жн‖ый, -ая, -ое, -ые important
ва́за f vase, bowl
вари́ть II (варю́, ва́ришь) to cook
ва́хта f watch
ваш, -а, -е, -и *poss. pron.* your(s)
вдали́ *adv.* in the distance
вдруг *adv.* suddenly
век *m* (*pl.* -а́) century
ве́рить II (ве́р‖ю, -ишь) to believe
весе́нн‖ий, -яя, -ее, -ие spring (*attr.*)
весёл‖ый, -ая, -ое, -ые jolly, gay
весна́ f spring
весно́й *adv.* in spring
вести́ I (вед‖у́, -ёшь, *past* вёл, вел‖а́, -о́, -и́) to lead, to conduct
ве́тер *m* (*gen.* ве́тра, *pl.* ве́тры) wind
ве́тка f (*gen. pl.* ве́ток) branch
ве́чер *m* (*pl.* -а́) evening
ве́чером *adv.* in the evening
вещь f thing
взро́сл‖ый, -ая, -ое, -ые grown-up, adult
взять I *p* (*fut.* возьм‖у́, -ёшь) to take
вид *m* view; aspect
ви́деть II (ви́жу, ви́дишь) to see
ви́дно it is seen; не ~ it is impossible to see
ви́лка f (*gen. pl.* ви́лок) fork
виногра́д *m* grapes
висе́ть II (виси́т) to hang (*intr.*)
включа́ть I (включа́‖ю, -ешь) to switch on
вку́сн‖ый, -ая, -ое, -ые tasty, delicious
вме́сте *adv* together; ~ с *prep.* (+ *instr.*) together with
внизу́ *adv.* below
вода́ f (*pl.* во́ды) water
во́здух *m* air
возни́кнуть I *p* (*fut.* возни́кнет, *past* возни́к, -ла, -ло, -ли) to spring up, to arise
война́ f (*pl.* во́йны) war
вокру́г *adv., prep.* (+ *gen.*) round
волейбо́л *m* volleyball
волк *m* wolf
волна́ f (*pl.* во́лны) wave
во́лосы *pl.* hair

вообще́ *adv.* in general
восемна́дцать *num.* eighteen
во́семь *num.* eight
во́семьдесят *num.* eighty
восемьсо́т *num.* eight hundred
воскресе́нье *n* Sunday
восто́рг *m* delight, rapture, extasy; быть в ~е to be enraptured, enthusiastic
восьмидеся́т‖ый, -ая, -ое, -ые *num.* 80th
восьм‖о́й, -а́я, -о́е, -ы́е *num.* 80th
вот *part.* here is
впада́ть I (впада́ет) to fall (into)
враг *m* (*gen.* -а́, *pl.* -и́) enemy
врач *m* (*gen.* -а́, *pl.* -и́, *gen. pl.* -е́й) doctor
враща́ться I (враща́‖юсь, -ешься) to revolve, to rotate
вре́мя *n* (*gen.* вре́мени, *pl.* времена́, *gen. pl.* времён) time; во ~ during
все *pron.* all, everyone, everybody
всегда́ *adv.* always
всё *pron.* all, everything
вско́ре *adv.* soon afterwards
встава́ть I (встаю́, -ёшь) to get up
встреча́ть I (встреча́‖ю, -ешь) to meet
всю́ду *adv.* everywhere
вто́рник *m* Tuesday
втор‖о́й, -а́я, -о́е, -ы́е *num.* 2nd
вуз (= вы́сшее уче́бное заведе́ние) higher school
вчера́ *adv.* yesterday
вы *pers. pron.* you (*pl.*)
выбира́ть I (выбира́‖ю, -ешь) to choose, to elect
вы́брать I (*fut.* вы́бер‖у, -ешь) to choose, to elect
вы́йти I *p* (*fut.* вы́йд‖у, -ешь, *past* вы́‖шел, -шла, -шло, -шли) to go out, to leave
вы́мпел *m* pennant
вы́нуть I *p* (*fut.* вы́н‖у, -ешь) to take out
вы́пить I *p* (*fut.* вы́пь‖ю, -ешь) to drink up
вы́расти I *p* (*fut.* вы́раст‖у, -ешь, *past* вы́рос, -ла, -ло, -ли) to grow up

выра́щивать I (выра́шива||ю, -ешь) to grow, to cultivate
высо́к||ий, -ая, -ое, -ие high
высоко́ adv. high
выступа́ть I (выступа́||ю, -ешь) to sing (in public), to perform
вы́сш||ий, -ая, -ее, -ие higher, highest
вы́учить II p (fut. вы́уч||у, -ишь) to learn, to have learnt

Г г

газе́та f newspaper
га́лстук m necktie
где adv. where
гео́лог m geologist
геро́й m hero
гидроста́нция f hydroelectric station
гимн m hymn
гимна́стика f gymnastics
глаз m (pl. -á, gen. pl. глаз) eye
говори́ть II (говор||ю́, -и́шь) to speak
год m (gen. pl. лет) year; уче́бный ~ school year
голова́ f (pl. го́ловы) head
голо́дн||ый, -ая, -ое, -ые hungry
голуб||о́й, -а́я, -о́е, -ы́е light blue
гора́ f (pl. го́ры) mountain
гора́здо adv. (used only before the comparative) much
го́рло n throat
го́род m (pl. -á) town, city; за́ городом in the country
городск||о́й, -а́я, -о́е, -и́е town, city (attr.)
гость m guest
гото́вить II (гото́в||лю, -ишь) to prepare
гото́в||ый, -ая, -ое, -ые ready
граждани́н m (pl. гра́ждане, gen. pl. гра́ждан) citizen
гражда́нка f (gen. pl. гражда́нок) citizen (f)
грамма́тика f grammar
грандио́зн||ый, -ая, -ое, -ые grand, grandiose
грести́ I (греб||у́, -ёшь, past грёб, греб||ла́, -ло́, -ли́) to row
грипп m grippe, 'flu

гро́мк||ий, -ая, -ое, -ие loud
гро́мко adv. loudly, in a loud voice
гро́мче adv. louder, more loudly
гру́ппа f group
гуля́ть I (гуля́||ю, -ешь) to walk, to go for a walk
густ||о́й, -а́я, -о́е, -ы́е dense

Д д

да part. yes
дава́ть I (да||ю́, -ёшь) to give
давно́ adv. long ago; for a long time
далёк||ий, -ая, -ое, -ие far away (attr.)
далеко́ adv. far
дальне́йш||ий, -ая, -ее, -ие further
дальневосто́чн||ый, -ая, -ое, -ые of the Far East (attr.)
да́льн||ий, -яя, -ее, -ие far away (attr.), distant
дари́ть II (дарю́, да́ришь) to give, to present
дать irr. p (fut. дам, дашь, даст, дади́м, дади́те, даду́т) to give
два m, n num. two
два́дцать num. twenty
две f num. two
двена́дцать num. twelve
дверь f (gen. pl. -е́й) door
две́сти num. two hundred
двор m (gen. -á, pl. -ы́) courtyard
де́вочка f (gen. pl. де́вочек) a little girl
де́вушка f (gen. pl. де́вушек) (young) girl
девяно́сто num. ninety
девятна́дцать num. nineteen
де́вять num. nine
девятьсо́т num. nine hundred
дека́брь m December
декора́ции pl. scenery
де́лать I (де́ла||ю, -ешь) to do, to make; ~ успе́хи to make progress
де́латься (де́ла||юсь, -ешься) to become
день m (gen. дня, pl. дни) day; ~ рожде́ния birthday

де́ньги *pl.* (*no sing.*, *gen.* де́нег) money
дере́вня *f* (*gen. pl.* дереве́нь) village
де́рево *n* (*pl.* дере́вья, *gen. pl.* дере́вьев) tree
деся́ток *m* (*gen.* деся́тка, *pl.* деся́тки) ten pieces
де́сять *num.* ten
де́ти *pl.* (*gen. pl.* дете́й) children
де́тство *n* childhood
дешёв‖ый, -ая, -ое, -ые cheap
дли́нн‖ый, -ая, -ое, -ые long
для *prep.* (+ *gen.*) for
до *prep.* (+ *gen.*) to, as far as, till, before
добыва́ть I (добыва́‖ю, -ешь) to extract
дове́рить II *p* (*fut.* дове́р‖ю, -ишь) to entrust
доверя́ть I (доверя́‖ю, -ешь) to entrust
дово́лен, дово́льна, дово́льно, дово́льны is (are) glad
дово́льн‖ый, -ая, -ое, -ые glad
дождь *m* (*gen.* -я́, *pl.* -и́) rain
до́ктор *m* (*pl.* -а́) doctor
до́лго *adv.* for a long time; как ~ how long, how much time
до́лжен, должна́, должно́, должны́ must, have to, (am, are) is due
доли́на *f* valley
дом *m* (*pl.* -а́) house, home
до́ма *adv.* at home
домо́й *adv.* home (*adv.*)
доро́га *f* road, way; желе́зная ~ railway
доска́ *f* (*pl.* до́ски, *gen. pl.* досо́к) board
доста́вить II *p* (*fut.* доста́влю, доста́вишь) to supply, to deliver
достиже́ние *n* achievement
дочь *f* (*gen.*, *pl.* до́чери) daughter
дре́вн‖ий, -яя, -ее, -ие ancient
друг *m* (*pl.* друзья́, *gen. pl.* друзе́й) friend
друг‖о́й, -а́я, -о́е, -и́е other; одни́... други́е some... others
дру́жно *adv.* in harmony
ду́мать I (ду́ма‖ю, -ешь) to think
дуть I (ду́‖ю, -ешь) to blow
душ *n* shower; принима́ть ~ to take a shower (bath)
ды́ня *f* musk-melon
дя́дя *m* uncle

Е е

Евро́па *f* Europe
его́ *poss. pron* his
е́дет, е́ду *see* е́хать
её *poss. pron.* her(s)
е́здить II (е́зжу, е́здишь) to go (*by some means of transport*)
е́сли *conj.* if; ~ бы if
есть (*pres. of* быть) there is; у меня́ ~ I have (got)
есть *irr.* (ем, ешь, ест, еди́м, еди́те, едя́т) to eat
е́хать I (е́д‖у, -ешь) to go (*by some means of transport*)
ещё *adv.* more; still, yet

Ж ж

жаль it is a pity; о́чень ~ it is a great pity
жа́рить II (жа́р‖ю, -ишь) to fry, to roast
жа́рк‖ий, -ая, -ое, -ие hot
жа́рко it is hot
жела́ть I (жела́‖ю, -ешь) to wish
желе́зн‖ый, -ая, -ое, -ые iron (*attr.*); желе́зная доро́га railway
жена́ *f* (*pl.* жёны) wife
жена́т is married, *pl.* -ы́ are married
жена́т‖ый, -ые married (*a man*)
же́нщина *f* woman
жёлт‖ый, -ая, -ое, -ые yellow
жизнь *f* life; при жи́зни in (one's) life-time
жить I (жив‖у́, -ёшь) to live
журна́л *m* magazine
жюри́ *n* (*is not declined*) jury

З з

за *prep.* (+ *acc.*) for; beyond, behind (*dir.*); (+ *instr.*) beyond, behind (*place*)
забо́р *m* fence
забо́та *f* care

забыва́ть I (забыва́||ю, -ешь) to forget
забы́ть I (*fut.* забу́д||у, -ешь) to forget
заво́д *m* plant, works
за́втра *adv.* tomorrow; до ~ till tomorrow
за́втрак *m* breakfast, lunch
за́втракать I (за́втрака||ю, -ешь) to have breakfast, lunch
за́ город to the country
за́ городом in the country
зал *m* hall
зали́в *m* gulf
залива́ть I (залива́ет) to flood
замеча́тельн||ый, -ая, -ое, -ые remarkable, wonderful
за́мок *m* (*gen.* за́мка, *pl.* за́мки) manor, castle
замо́к *m* (*gen.* замка́, *pl.* замки́) lock, padlock
за́мужем is married (*of a woman*)
занима́ть I (занима́||ю, -ешь) to occupy, to take up
занима́ться (занима́||юсь, -ешься) (+ *instr.*) to go in for, to be busy with
заня́тия *n pl.* studies
запи́ски *pl.* notes
запусти́ть II *p* (*fut.* запущу́, запу́стишь) to launch; запу́щен, -а, -о, -ы is launched
запо́лнить II *p* (*fut.* запо́лн||ю, -ишь) to fill
заполня́ть I (заполня́||ю, -ешь) to fill
зара́нее *adv.* beforehand
заря́ *f* (*pl.* зо́ри) dawn
защи́та *f* defence
защища́ть I (защища́||ю, -ешь) to defend, to shelter
звать I (зов||у́, -ёшь) to call
зда́ние *n* building
здесь *adv.* here (*place*)
здоро́в||ый, -ая, -ое, -ые healthy; будь здоро́в good-bye (*lit.*: be healthy)
здоро́вье *n* health; Как ва́ше (твоё) здоро́вье? How are you? Как её (его́) здоро́вье? How is she (he)?
здра́вствуй(те) how do you do, hello

зелён||ый, -ая, -ое, -ые green
земля́ *f* (*pl.* зе́мли, *gen. pl.* земе́ль) earth, land
зима́ *f* winter
зи́мн||ий, -яя, -ее, -ие winter (*attr.*)
зимо́й *adv.* in winter
зна́мя *n* (*gen.* зна́мени, *pl.* знамёна) banner
зна́ние *n* knowledge
знать I (зна́||ю, -ешь) to know
зна́чить II (зна́чит) to mean; зна́чит it means
зонт *m* (*gen.* -а́, *pl.* -ы́) umbrella
зри́тель *m* spectator

И и

и *conj.* and, also
и́ва *f* willow
игра́ *f* (*pl.* и́гры) game
игра́ть I (игра́||ю, -ешь) to play
идти́ I (ид||у́, -ёшь, *past* шёл, шла, шло, шли) to go, to walk, to go on, to continue
из *prep.* (+ *gen.*) from, out of, of
изве́стно it is known
изве́стн||ый, -ая, -ое, -ые (well-)known
изуча́ть I (изуча́||ю, -ешь) to study
и́ли *conj.* or
иллюстра́ция *f* picture (in a book)
име́ть I (име́||ю -ешь) to have
и́мя *n* (*gen.* и́мени, *pl.* имена́) first name; Как ва́ше и́мя? What is your name?
индиа́нка *f* (*gen. pl.* индиа́нок) an Indian (*woman*)
индие́ц *m* (*gen.* инди́йца, *pl.* инди́йцы) an Indian (*man*)
инжене́р *m* engineer
иностра́нец *m* (*gen.* иностра́нца, *pl.* иностра́нцы) foreigner
иностра́нн||ый, -ая, -ое, -ые foreign, from abroad
институ́т *m* college
инструме́нт *m* tool
интере́с *m* interest
интере́сно *adv.* interestingly, (it is) interesting

интере́сн‖ый, -ая, -ое, -ые interesting
интересова́ть I (интересу́‖ю, -ешь) to interest; о́чень интересу́ет presents a great interest
иску́сственн‖ый, -ая, -ое, -ые artificial
иску́сство n art
испе́чь I p (fut. испеку́, испечёшь, past испёк, испек‖ла́, -ло́, -ли́) to bake
исто́рия f history, story
их poss. pron. their(s)
ию́ль m July
ию́нь m June

К к

к (ко) prep. (+ dat.) to, towards
каби́на f cabin
кабине́т m study
ка́жд‖ый, -ая, -ое, -ые every, each
как adv. as, how, like, what
как‖о́й, -а́я, -о́е, -и́е pron. what
календа́рь m (gen. -я́, pl. -и́) calendar
ка́менный у́голь coal
кана́л m canal
кани́кулы pl. holidays
каранда́ш m (gen. -а́, pl. -и́, gen. pl. -е́й) pencil
ка́рта f map
карти́на f picture
карто́фель m (no pl.) potatoes
ка́ша f porridge, gruel
килогра́мм m kilogram
киломе́тр m kilometer
кино́ n (is not declined) cinema
кинотеа́тр m picture house
кинофи́льм m film, picture, movie
кипе́ть II (кипи́т) to boil, to bubble
кита́ец m (gen. кита́йца, pl. кита́йцы) a Chinese, Chinaman
китая́нка f (gen. pl. китая́нок) a Chinese (woman)
клуб m club
кни́га f book
кни́жный шкаф bookcase
ковёр m (gen. ковра́, pl. ковры́) rug, carpet; ~-самолёт flying carpet (lit.: self-flying)
когда́ adv. when

колбаса́ f sausage
колхо́з m kolkhoz, collective farm
колхо́зн‖ый, -ая, -ое, -ые kolkhoz (attr.), of the collective farm
колхо́зник m collective farmer
кома́нда f team
комба́йн m combine
ко́мната f room
комфорта́бельн‖ый, -ая, -ое, -ые comfortable
коне́ц m (gen. конца́, pl. концы́) end
коне́чно of course, certainly
консе́рвы pl. canned (tinned) goods, preserves
конце́рт m concert
конча́ться I (конча́ется) to end
конь m horse
кора́бль m (gen. -я́, pl. -и́) ship
корми́ть II (кормлю́, ко́рмишь) to feed
коро́бка f (gen. pl. коро́бок) box
косми́ческ‖ий, -ая, -ое, -ие cosmic, space
ко́смос m cosmos, Space
костёр m (gen. костра́, pl. костры́) camp fire
костю́м m costume, suit
кото́р‖ый, -ая, -ое, -ые pron. which, who
ко́фе m (is not declined) coffee
край m (pl. края́) 1. territory; edge; 2. region
краси́во it is beautiful
краси́в‖ый, -ая, -ое, -ые beautiful
кра́сн‖ый, -ая, -ое, -ые red
кре́пость f fortress
крова́ть f bed
кружо́к m (gen. кружка́, pl. кружки́) circle, society
крупа́ f groats
кру́пн‖ый, -ая, -ое, -ые big, great
кто interr. pron. who; ~ э́то? who is this?
куда́ adv. where (direction)
кузне́ц m (gen. -а́, pl. -ы́) smith
культу́ра f culture; дом культу́ры "house of culture", club
культу́рн‖ый, -ая, -ое, -ые cultural, cultured
купа́ться I (купа́‖юсь, -ешься) to bathe

купи́ть II *p* (*fut.* куплю́, ку́пишь) to buy
кури́ть II (курю́, ку́ришь) to smoke
куро́рт *m* health resort; на ~ to a health resort
куст *m* (*gen.* -á, *pl.* -ы́) bush, shrub

Л л

ла́йнер *m* liner
ла́мпа *f* lamp
ла́ндыш *m* lily of the valley
ле́кция *f* lecture
лес *m* (*pl.* -á) forest
лес (*no pl.*) timber
лете́ть II (лечу́, лети́шь) to fly
ле́тн‖ий, -яя, -ее, -ие summer (*attr.*)
ле́то *n* summer
ле́том *adv.* in summer
лечь I *p* (*fut.* ля́гу, ля́жешь, ля́гут; *past* лёг, легл‖á, -ó, -и́) to lie down
лён *m* flax
ло́дка *f* (*gen. pl.* ло́док) boat
ложи́ться II (лож‖у́сь, -и́шься) to lie down, to go to bed
ло́жа box (theatre)
ло́жка *f* (*gen. pl.* ло́жек) spoon
ло́шадь *f* horse
луг *m* (*pl.* -á) meadow
лук *m* (*no pl.*) onion
луна́ *f* moon
лу́чше *adj.*, *adv.* better
лу́чш‖ий, -ая, -ее, -ие better, best; cáм‖ый, -ая, -ое, -ые ~ the very best
люби́м‖ый, -ая, -ое, -ые favourite
люби́ть II (люблю́, лю́бишь) to love, to like
любо́вь *f* love
лю́ди *pl.* (*sing.* челове́к) men, people
люк *m* hatchway, trapdoor

М м

май *m* May
макаро́ны *pl.* (*no sing.*) macaroni
ма́леньк‖ий, -ая, -ое, -ие little, small
ма́ло *adv.* little
ма́льчик *m* boy
март *m* March
ма́сло *n* butter
мать *f* mother
маши́на *f* machine, motor-car
ме́дленно *adv.* slowly
ме́жду *prep.* (+ *instr.*) between, among
мемориа́л *m* memorial (*noun*)
мел *m* chalk
ме́нее *adv.* less
ме́ньше *adj.* smaller; *adv.* less
ме́сто *n* (*pl.* -á) place
ме́сяц *m* (*gen. pl.* ме́сяцев) month
механизи́рованн‖ый, -ая, -ое, -ые mechanized
миллио́н *m* million
ми́мо *prep.* (+ *gen.*) past, by
мину́та *f* minute
мир *m* (*no pl.*) peace; (*pl.* -ы́) world
мёд *m* honey
мла́дш‖ий, -ая, -ее, -ие younger
мне́ние *n* opinion
мно́гие *pron.* many
мно́го much, a lot, a great deal
могу́ч‖ий, -ая, -ее, -ие mighty, powerful
мо́дн‖ый, -ая, -ое, -ые fashionable, stylish
мо́жно (one) may, can, it is possible
мой *pl. poss. pron.* my, mine
мой, моя́, моё, мой *poss. pron.* my, mine
молодёжь *f* young people, youth
молоде́ц *m* (*gen.* молодца́, *pl.* молодцы́) a fine fellow
молод‖о́й, -áя, -óе, -ы́е young
молоко́ *n* milk
молоти́ть II (молочу́, моло́тишь) to thresh
молча́ть II (молч‖у́, -и́шь) to be silent
мо́ре *n* (*pl.* -я́) sea
морко́вь *f* carrot(s)
моро́з *m* frost
морск‖о́й, -а́я, -о́е, -и́е sea (*attr.*)

221

моря́к *m* (*gen.* -á, *pl.* -и́) seaman, sailor
Москва́ *f* Moscow
моско́вск‖ий, -ая, -ое, -ие Moscow (*attr.*)
мост *m* (*gen.* -á, *pl.* -ы́) bridge
мочь I (могу́, мо́жешь... мо́гут) can
мо́щн‖ый, -ая, -ое, -ые powerful, mighty
моя́ *f poss. pron.* my, mine
муж *m* (*pl.* мужья́, *gen. pl.* муже́й) husband
мужчи́на *m* man
музе́й *m* museum
му́зыка *f* music
музыка́льн‖ый, -ая, -ое, -ые musical, music (*attr.*)
мча́ться II (мч‖у́сь, -и́шься) to rush, to tear along, to hasten
мы *pers. pron.* we
мы́ло *n* soap
мя́со *n* meat

Н н

на *prep.* (+ *acc. dir.*, + *prepos. place*) on, onto, at, towards
наве́рно *adv.* probably
наве́рх *adv.* to the top, upstairs
наверху́ *adv.* on the top
над *prep.* (+ *instr.*) over
надева́ть I (надева́‖ю, -ешь) to put on
на́до it is necessary
надо́лго *adv.* for a long time
назва́ние *n* name, title
назва́ть I *p* (*fut.* назов‖у́, -ёшь) to call, to name
назна́ченн‖ый, -ая, -ое, -ые fixed
называ́ться I (называ́‖юсь, -ешься) to be called
накану́не (+ *gen.*) on the eve (of)
наконе́ц *adv.* at last, finally
нале́во *adv.* to (on) the left
намно́го *adv.* much
написа́ть I *p* (*fut.* напишу́, напи́шешь) to write, to have written
напра́во *adv.* to (on) the right
наприме́р for example, for instance
наро́д *m* people

населе́ние *n* population
настоя́щ‖ий, -ая, -ее, -ие real, veritable
наступа́ть I (наступа́ет) to come, to approach
нау́ка *f* science
находи́ть II (нахожу́, нахо́дишь) to find
находи́ться II (нахожу́сь, нахо́дишься) to be, to be situated
национа́льность *f* nationality
нача́ло *n* beginning
начина́ть I (начина́‖ю, -ешь) to begin
начина́ться (начина́ется) to begin
наш, -а, -е, -и *poss. pron.* our(s)
не *part.* not
не́бо *n* (*pl.* небеса́) sky
небольш‖о́й, -а́я, -о́е, -и́е little, small
неграмотн‖ый, -ая, -ое, -ые illiterate
недалеко́ *adv.* not far (away)
неде́ля *f* week
недо́лго *adv.* not for long
нельзя́ (one) may not, it is not permitted
немно́го *adv.* a little
неожи́данно *adv.* unexpectedly
непло́хо *adv.* not so bad(ly)
неповтори́м‖ый, -ая, -ое, -ые unique
не́сколько *num.* some, several
нет *part.* no
неуже́ли *part.* really; is it possible?
нефть *f* oil
нёбо *n* palate
ни... ни *conj.* neither... nor
но *conj.* but
но́вость *f* news
но́в‖ый, -ая, -ое, -ые new
нога́ *f* (*pl.* но́ги) foot, leg
нож *m* (*gen.* -á, *pl.* -и́, *gen. pl.* -е́й) knife
ноль *m* zero
но́жницы *pl.* scissors
но́мер *m* (*pl.* -á) number, issue
носи́ть II (ношу́, но́сишь) to bear
ночь *f* night
ноя́брь *m* November
ну́жно it is necessary, (one) must

ну́жн‖ый, -ая, -ое, -ые necessary
Нью-Йо́рк *m* New York
ня́ня *f* nurse

О о

о, об *prep.* (+ *prepos.*) of, about
о́ба *m*, *n*, о́бе *f num.* both
обе́д *m* dinner
обезья́на *f* monkey
о́блако *n* (*pl.* -а́) cloud
обрабо́тка *f* cultivation
образова́ние *n* education
обсужда́ть I (обсужда́‖ю, -ешь) to discuss
общежи́тие *n* hostel
о́бщ‖ий, -ая, -ее, -ие common
объявле́ние *n* advertisement, anouncement
обы́чно *adv.* usually
о́вощи *pl.* vegetables
ого́нь *m* (*gen.* огня́, *pl.* огни́) fire
огро́мн‖ый, -ая, -ое, -ые enormous, huge
огуре́ц *m* (*gen.* огурца́, *pl.* огурцы́) cucumber
одева́ть I (одева́‖ю, -ешь) to dress (someone)
одева́ться I (одева́‖юсь, -ешься) to dress oneself
оди́н, одна́, одно́, одни́ *num.*, *pron.* one; alone; одни́... други́е some... others
оди́ннадцать *num.* eleven
одна́ко *conj.* but, however
ожида́ть I (ожида́‖ю, -ешь) to wait (for)
окно́ *n* (*pl.* о́кна, *gen. pl.* о́кон) window
о́коло *prep.* (+ *gen.*) near, by, about
оконча́ние *n* end, ending
окре́стности *pl.* neighbourhood
октя́брь *m* (*gen.* -я́) October
он *m pers. pron.* he, it
она́ *f pers. pron.* she, it
они́ *pl. pers. pron.* they
оно́ *n pers. pron.* it
о́пера *f* opera
орби́та *f* orbit
о́рган *m* organ

организова́ться I, I *p* (*pres.*, *fut.* организу́ется) to be organized
освеща́ть I (освеща́‖ю, -ешь) to light up
осе́нн‖ий, -яя, -ее, -ие autumn (*attr.*)
о́сень *f* autumn
о́сенью *adv.* in autumn
осмотре́ть II *p* (*fut.* осмотрю́, осмо́тришь) to examine, to visit, to see
осо́бенно *adv.* especially, particularly
остано́вка *f* (*gen. pl.* остано́вок) stop
от *prep.* (+ *gen.*) from
отве́тить II *p* (*fut.* отве́чу, отве́тишь) to answer, to reply
отвеча́ть I (отвеча́‖ю, -ешь) to answer
о́тдых *m* rest; дом ~а rest home
отдыха́ть I (отдыха́‖ю, -ешь) to rest
оте́ц *m* (*gen.* отца́, *pl.* отцы́) father
открыва́ть I (открыва́‖ю, -ешь) to open
откры́ться I *p* (*fut.* откро́ется) to open, to be opened
открыва́ться I (открыва́ется) to be discovered, to be opened
отмеча́ть I (отмеча́‖ю, -ешь) to mark
отпра́виться II *p* (*fut.* отпра́влюсь, отпра́вишься) to set off
отправля́ться I (отправля́‖юсь, -ешься) to set off, to leave, to start
о́тпуск *m* (*pl.* -а́) leave, holidays
офице́р *m* officer
о́чень *adv.* very (*with adj.*), very much (*with verbs*)

П п

па́дать I (па́да‖ю, -ешь) to fall
пай *m* (*pl.* -и́) share
пальто́ *n* (*is not declined*) overcoat
па́мятник *m* monument
па́мять *f* memory; recollection
папиро́са *f* papirosa, cigarette
парк *m* park

пароход *m* steamer
парта *f* (school) desk
пассажир *m* passenger
пассажирск||ий, -ая, -ое, -ие passenger (*attr.*)
певец *m* (*gen.* певца, *pl.* певцы) singer (*a man*)
певица *f* singer (*a woman*)
пение singing
перв||ый, -ая, -ое, -ые *num.* first (1st)
перевозить II (перевожу, перевозишь) to transport
перед *prep.* (+ *instr.*) in front of; before
передача *f* broadcast, transmission
передать I *p* (*fut.* передам, передашь, передаст, передадим, передадите, передадут) transmit
пересекать I (пересека||ю, -ешь) to cross
перо *n* (*pl.* перья, *gen. pl.* перьев) pen, nib
песня *f* (*gen. pl.* песен) song
песок *m* (*gen.* песка, *pl.* пески) sand
петь I (по||ю, -ёшь) to sing
пианино *n* (*is not declined*) upright piano
пирог *m* (*gen.* -а, *pl.* -и) pie, cake
писать I (пишу, пишешь) to write
писатель *m* writer
письмо *n* (*pl.* письма, *gen. pl.* писем) letter
питание *n* food, meals
пить I (пью, пьёшь) to drink
плавать I (плава||ю, -ешь) to swim, to sail
план *m* plan
платье *n* dress
плод *m* (*gen.* -а, *pl.* -ы) fruit
плот *m* (*gen.* -а, *pl.* -ы) raft
плохо *adv.* bad, badly
плох||ой, -ая, -ое, -ие bad
площадь *f* square
плыть I (плыв||у, -ёшь) to float, to navigate, to swim, to sail
по *prep.* (+ *dat.*) in, about, through
по-английски *adv.* (in) English
победить II *p* (*fut.* побед||ишь, -ит) to vanquish, to win a victory

побеждать I (побежда||ю, -ешь) to vanquish
поверить II *p* (*fut.* повер||ю, -ишь) to believe
повторить II *p* (*fut.* повтор||ю, -ишь) to repeat, to have repeated (*tr.*)
повторять I (повторя||ю, -ешь) to repeat (*tr.*)
погода *f* weather
под *prep.* (+ *acc. dir.*, + *instr. place*) under
подарить II *p* (*fut.* подарю, подаришь) to give, to present
подвиг *m* heroic dead
поднимать I (поднима||ю, -ешь) to lift (up), to raise
подниматься I (поднима||юсь, -ешься) to rise
подойти I *p* (*fut.* подойд||у, -ёшь, *past* подошёл, подошл||а, -о, -и) (к + *dat.*) to come up (to)
подруга *f* (girl) friend
подумать I *p* (*fut.* подума||ю, -ешь) to think
подходить II (подхожу, подходишь) to approach
подъём *m* rise
подъезд *m* entrance
поезд *m* (*pl.* -а) train
поёт *see* петь
поехать I *p* (*fut.* поед||у, -ешь) to go (*by some means of transport*), to travel
пожалуйста please
поживать I to get on, do, be; Как ты поживаешь? Как вы поживаете? How are you?
позавчера *adv.* the day before yesterday
позволять I (позволя||ю, -ешь) to permit
поздравлять I (поздравля||ю, -ешь) congratulate
пойти I *p* (*fut.* пойд||у, -ёшь, *past* пошёл, пошл||а, -о, -и) to go; пойдём let us go
показать I (*fut.* покажу, покажешь) to show
показывать I (показыва||ю, -ешь) to show

покрываться I (покрыва́||юсь, -ешься) to cover (oneself)
покры́т, -а, -о, -ы is covered
покупа́ть I (покупа́||ю, -ешь) to buy
поку́пка I (gen. pl. поку́пок) purchase
пол m (pl. -ы́) floor
по́ле n (pl. -я́) field
поле́зно it is useful
поле́зн||ый, -ая, -ое, -ые useful
по́лка f (gen. pl. по́лок) shelf
по́лн||ый, -ая, -ое, -ые full
полови́на (gen. pl. полови́н) half
положи́ть II p (fut. положу́, поло́жишь) to put (horizontally)
получа́ть I (получа́||ю, -ешь) to receive, to get
получи́ть II p (fut. получу́, полу́чишь) to receive, to get
по́льзоваться I (по́льзу||юсь, -ешься), (+ instr.) to use, to make use of
помидо́р m tomato
по́мнить II (по́мн||ю, -ишь) to remember
помога́ть I (помога́||ю, -ешь) (+ dat.) to help
помо́чь I p (fut. помогу́, помо́жешь) (+ dat.) to help
понеде́льник m Monday
понима́ть I (понима́||ю, -ешь) to understand
попа́сть I p (fut. попад||у́, -ёшь) (в, на + acc.) to find oneself (in), to get (to)
пора́ (it is) time
порт m port
по-ру́сски adv. (in) Russian; как ~ ? how is in Russian...
посети́тель m visitor
посети́ть II p (fut. посещу́, посети́шь) to visit, to go to
посеща́ть I (посеща́||ю, -ешь) to visit, to go to
по́сле adv., prep. (+ gen.) after
после́дн||ий, -яя, -ее, -ие last, final
послу́шать I p (fut. послу́ша||ю, -ешь) to listen
послеза́втра adv. the day after tomorrow

посмотре́ть II p (fut. посмотрю́, посмо́тришь) to look at, to see
посреди́, посреди́не prep. (+ gen.) in the middle of
пост m (gen. -а́) post, appointment
постро́ен, -а, -о, -ы is (are) built
постро́ить II p (fut. постро́||ю, -ишь) to build, to have built
потоло́к m (gen. потолка́, pl. потолки́) ceiling
пото́м adv. afterwards, then, later on
потому́ что conj. because
по-францу́зски adv. (in) French
похо́д m hike; ходи́ть в похо́ды to go hiking
по́чва f soil
почему́ adv. why
почита́ть I (почита́||ю, -ешь) to honour
почти́ adv. almost
поэ́т m poet
пою́ see петь
появи́ться II p (fut. появлю́сь, поя́вишься) to appear, to come
появля́ться I (появля́||юсь, -ешься) to appear
пра́вило n rule
прави́тельство n government
пра́во n (pl. -а́) right
пра́здник m holiday
практи́ческ||ий, -ая, -ое, -ие practical
предме́т m subject
пре́жде before, formerly
прекра́сн||ый, -ая, -ое, -ые fine
преобрази́ть II p (fut. преображу́, преобрази́шь) to transform
преподава́тель m teacher
при prep. (+ prepos.) at; ~ жи́зни in one's life-time
приве́т m greeting; серде́чный ~ my best regards
приве́тствовать I (приве́тству||ю, -ешь) to greet
пригото́вить II (fut. пригото́влю, пригото́вишь) to prepare, to have prepared
придава́ть I (прида||ю́, -ёшь) to impart, to give
прида́ть irr. p. (fut. see дать) to impart, to give

225

приезд *m* arrival, coming
прийти I *p* (*fut.* прид‖у́, -ёшь, *past* пришёл, пришл‖а́, -о́, -и́) to come
прилуни́ться II *p* (*fut.* прилун‖ю́сь, -и́шься) to land on the Moon
приме́р *m* example
примо́рск‖ий, -ая, -ое, -ие seaside (*attr.*)
принадлежа́ть II (принадлеж‖у́, -и́шь) to belong
принести́ I (*fut.* принес‖у́, -ёшь, *past* принёс, принесл‖а́, -о́, -и́) to bring
приноси́ть II (приношу́, прино́сишь) to bring
при́стань *f* landing stage
причёсываться I (причёсыва‖юсь, -ешься) to comb, to do one's hair
прия́тно it is pleasant
проводи́ть II (провожу́, прово́дишь) to spend; to conduct, to direct
провожа́ть I (провожа́‖ю, -ешь) to see out, to see off
програ́мма *f* programme
прогу́лка *f* (*gen. pl.* прогу́лок) walk, stroll
продолжа́ться I (продолжа́ется) to go on, to continue (*intr.*)
проду́кты *pl.* provisions, victuals
пройти́ I *p* (*fut.* пройд‖у́, -ёшь, *past* про‖шёл, -шла́, -шло́, -шли́) to go through; to pass
промы́шленность *f* industry
промы́шленн‖ый -ая, -ое, -ые industrial
пронести́сь I *p* (*fut.* пронес‖у́сь, -ёшься) to rush by, to hurtle
проноси́ться II (проношу́сь, проно́сишься) to rush
проси́ть II (прошу́, про́сишь) to ask (for)
про́сто *adv.* simply
прост‖о́й, -а́я, -о́е, -ы́е simple, plain
про́тив *prep.* (+ *gen.*) opposite, against, я не ~ I don't mind
профе́ссор *m* professor
прочита́ть I *p* (*fut.* прочита́‖ю, -ешь) to read (through)

прочь: я не прочь I have nothing against it
про́шл‖ый, -ая, -ое, -ые last, past
проща́й, -те good-bye
пти́ца *f* bird
пуст‖о́й, -а́я, -о́е, -ы́е empty
пусты́ня *f* desert
пусть *part.* let
путеше́ственник *m* traveller
путеше́ствие *n* trip, journey
путь *m* (*gen., pl.* -и́) way
пшени́ца *f* wheat
пье́са *f* play
пятна́дцать *num.* fifteen
пя́тница *f* Friday
пять *num.* five
пятьдеся́т *num.* fifty
пятьсо́т *num.* five hundred

Р р

рабо́та *f* work
рабо́тать I (рабо́та‖ю, -ешь) to work
рабо́чий *m* (*pl.* рабо́чие) worker
равни́на *f* plain
рад, -а, -о, -ы (am, is, are) glad
ра́дио *n* (*is not declined*) radio; слу́шать ~ to listen in; по ~ on, over the radio
ра́довать I (ра́ду‖ю, -ешь) to make glad, to cause joy
ра́дость *f* joy
ра́зве *part.* can it be...?
разгова́ривать I (разгова́рива‖ю, -ешь) to talk, to converse, to speak
разгово́р *m* talk, conversation
ра́зн‖ый, -ая, -ое, -ые various
раке́та *f* rocket
ра́но it is early; *adv.* early
ра́ньше *adv.* before, formerly
распусти́ться II *p* (*fut.* распу́стится) to blossom
рассве́т *m* dawn
расска́з *m* story
рассказа́ть I *p* (*fut.* расскажу́, расска́жешь) to tell, to relate
расска́зывать I (расска́зыва‖ю, -ешь) to tell, to relate
расте́ние *n* plant
расти́ I (раст‖у́, -ёшь, *past* рос, -ла́, -ло́, -ли́) to grow

револю́ция f revolution
регуля́р||ный, -ая, -ое, -ые regular
реда́кция f editorial office
река́ f (pl. ре́ки) river
реши́ть II p (fut. реш||у́, -и́шь) to decide
рис m rice
рисова́ть I (рису́||ю, -ешь) to draw
ро́дина f motherland
роди́тели pl. parents (father and mother)
родн||о́й, -а́я, -о́е, -ы́е native, one's own; родна́я страна́ motherland
рожде́ние n birth; день рожде́ния birthday
рожь f rye
ро́за f rose
роль f part, role; игра́ть ~ to play a part
рома́н m novel
рот m (gen. рта, pl. рты) mouth
руба́шка f (gen. pl. руба́шек) shirt
рука́ f (pl. ру́ки) hand, arm
рукоде́лие n knitting, crocheting
ру́сская f (pl. ру́сские) a Russian (woman)
ру́сский m (pl. ру́сские) a Russian (man)
ру́сск||ий, -ая, -ое, -ие Russian
ру́чка f (gen. pl. ру́чек) pen, penholder
ры́ба f fish
ры́нок m (gen. ры́нка, pl. ры́нки) market; на ~ to the market
рюкза́к m rucksack
ря́дом beside, by the side of; alongside, by

С с

с (со) prep. (+ gen.) from; since (+ instr.) with
сад m (pl. -ы́) garden
сади́ться II (сажу́сь, сади́шься) to sit down, to take one's place, to set (of the sun)
сала́т m salad
самолёт m (air)plane
са́м||ый, -ая, -ое, -ые (before adj.) the most; (before nouns) the very
са́хар m sugar

све́дения n pl. information
све́ж||ий, -ая, -ее, -ие fresh, new
свет m light (noun)
свети́ть II (све́тит) to light
светло́ it is light
светл||ый, -ая, -ое, -ые fair, light (attr.)
свя́зан, -а, -о, -ы is related, linked
связа́ть I p (fut. свяжу́, свя́жешь) to connect
свя́зывать I (свя́зыва||ю, -ешь) to connect
сде́лать I p (fut. сде́ла||ю, -ешь) to do, to make, to have done, to have made
сде́латься I p (fut. сде́ла||юсь, -ешься) to become
се́вер m North; на ~ to the North
сего́дня adv. today
сед||о́й, -а́я, -о́е, -ы́е grey (haired)
седьм||о́й, -а́я, -о́е, -ы́е num. 7th
сейча́с adv. now, at once
село́ n (pl. сёла) village
семна́дцать num. seventeen
семь num. seven
се́мьдесят num. seventy
семьсо́т num. seven hundred
семья́ f (pl. се́мьи, gen. pl. семе́й) family
сентя́брь m September
серде́чн||ый, -ая, -ое, -ые hearty
серебро́ n silver
середи́на f middle
се́р||ый, -ая, -ое, -ые grey
серьёзн||ый, -ая, -ое, -ые grave, serious
сестра́ f (pl. сёстры, gen. pl. сестёр) sister
се́ять I (се́||ю, -ешь) to sow
Сиби́рь f Siberia
сиде́ть II (сижу́, сиди́шь) to sit, ~ до́ма to stay at home
си́льн||ый, -ая, -ое, -ые strong
си́н||ий, -яя, -ее, -ие (dark) blue
сире́нь f (no pl.) lilac, lilac bush
ска́зка f (gen. pl. ска́зок) fairytale
сказа́ть I p (fut. скажу́, ска́жешь) to say
сквер m public garden
ско́лько adv. how much, how many: ~ хо́чешь as much as you want

скоро *adv.* soon
скорость *f* speed, rate, velocity
скор‖ый, -ая, -ое, -ые fast
следующ‖ий, -ая, -ее, -ие next, following
слишком *adv.* too
слово *n* (*pl.* -á) word
служащий *m*, служащая *f*, служащие *pl.* employee, office worker
слушать I (слуша‖ю, -ешь) to listen; ~ радио to listen in; ~ по радио on, over the radio
слышать II (слыш‖у, -ишь) to hear
сменяться I (сменяется) succeed one another
смеяться I (сме‖юсь, -ёшься) to laugh
смотреть II (смотрю, смотришь) to look at
смугл‖ый, -ая, -ое, -ые swarthy, dark
снаружи *adv.* outside
сначала *adv.* at first, at the beginning
снег *m* (*pl.* -á) snow
снимать I (снима‖ю, -ешь) to photograph, to take a photo
снова *adv.* again
собирать I (собира‖ю, -ешь) to collect; to gather (*tr.*)
совершать I (соверша‖ю, -ешь) to accomplish, to make, to perform
совершить II *p* (*fut.* соверш‖ý, -ишь) to accomplish, to make
совет *m* advice; consultation; Soviet
советск‖ий, -ая, -ое, -ие Soviet (*attr.*)
современн‖ый, -ая, -ое, -ые contemporary, modern
совсем *adv.* quite, altogether
содержание *n* subject, matter
соединять I (соединя‖ю, -ешь) to unite, to join, to connect
создать *irr. p* (*see* дать) to create; создан, -о, -ы, создана has been created
созревать I (созревает) to ripen, to grow ripe
солнце *n* sun
соль *f* salt

сорок *num.* forty
сороков‖ой, -ая, -ое, -ые *num.* 40th
сотрудни‖к *m*, -ца *f* employee, worker
сот‖ый, -ая, -ое, -ые *num.* 100th
сохранить II *p* (*fut.* сохран‖ю, -ишь) to keep
сохранять I (сохраня‖ю, -ешь) to keep
социалистическ‖ий, -ая, -ое, -ие socialist (*attr.*)
спасение *n* rescue
спасибо *part.* thank you, thanks
спать II (сплю, спишь) to sleep
спектакль *m* play, performance
специалист *m* specialist, expert
специальность *f* speciality, profession
спешить II (спеш‖ý, -ишь) to hurry, to be in a hurry
спина *f* (*pl.* спины) back
спокойн‖ый, -ая, -ое, -ые quiet, calm
спорт *m* sport
спортивн‖ый, -ая, -ое, -ые sports (*attr.*)
спортсмен *m* sportsman
спрашивать I (спрашива‖ю, -ешь) to ask
спросить II *p* (*fut.* спрошу, спросишь) to ask
спутник *m* satellite, sputnik
среда *f* Wednesday
среди *prep.* (+ *gen.*) amidst, among
средн‖ий, -яя, -ее, -ие middle, secondary (school)
СССР *m* = Союз Советских Социалистических Республик U.S.S.R. = the Union of Soviet Socialist Republics
стадион *m* stadium
стакан *m* glass
становиться II (становлюсь, становишься) to become, to grow
станок *m* (*gen.* станка, *pl.* станки) machine tool
старина *f* antiquity
старинн‖ый, -ая, -ое, -ые ancient, old
старш‖ий, -ая, -ее, -ие elder

ста́р‖ый, -ая, -ое, -ые old
стать I p (fut. ста́н‖у, -ешь) to become; to begin, to set to
статья́ f (gen. pl. стате́й) article
стекля́нн‖ый, -ая, -ое, -ые of glass
стена́ f (pl. сте́ны) wall
стипе́ндия f scholarship (fixed) state allowance to an ungraduate
стихи́ pl. verses, poetry
сто num. hundred
стол m (gen. -а́, pl. -ы́) table
столе́тие n centenary
столи́ца f capital (of a country)
столо́вая f dining-room
столь adv. so
сторона́ f (pl. сто́роны) side; в сто́рону towards
стоя́ть II (сто‖ю́, -и́шь) to stand
страна́ f (pl. стра́ны) country
стра́шн‖ый, -ая, -ое, -ые terrible
строи́тельство n construction
стро́ить II (стро́‖ю, -ишь) to build, to construct
студе́нт m student
студе́нтка f (gen. pl. студе́нток) girl student
стул m (pl. сту́лья) chair
суббо́та f Saturday
судьба́ f (pl. су́дьбы, gen. pl. су́деб) fate
суп m (pl. -ы́) soup
су́хо it is dry
сце́на f stage (in a theatre)
счастли́в‖ый, -ая, -ое, -ые happy
сча́стье n happiness
съесть irr. p (fut. see есть) to eat up
сын m (pl. сыновья́, gen. pl. сынове́й) son
сыр m cheese
сы́ро it is damp
сюда́ adv. here (hither)

Т т

та f dem. pron. that
тайга́ f taiga, dense forests of Siberia
та́йна f mystery
так adv. so; не ~ not so
та́кже adv. also
так‖о́й, -а́я, -о́е, -и́е dem. pron. such; ~ же the same
тала́нтлив‖ый, -ая, -ое, -ые talented
там adv. there
та́нец m (gen. та́нца, pl. та́нцы) dance
танцева́ть (танцу́‖ю, -ешь) to dance
таре́лка f (gen. pl. таре́лок) plate
твой, твоя́, твоё, твои́ poss. pron. your(s), thy, thine
те pl. dem. pron. those; ~ же the same
теа́тр m theatre
текст m text
телеви́зор m TV (set)
температу́ра f temperature
те́ннис m tennis; игра́ть в ~ to play tennis
тень f shadow
тепе́рь adv. now, at present
тепло́ adv. warmly, it is warm
теплохо́д m motor ship
тетра́дь f copybook
те́хника f technics; technology
те́хникум m technical secondary school
техни́ческ‖ий, -ая, -ое, -ие technical
тече́ние n current; в ~ during
течь 1 (течёт, теку́т, past тёк, текл‖а́, -о́, -и́) to flow, to run
тёмн‖ый, -ая, -ое, -ые dark
тётя f aunt
тигр m tiger
тигри́ца f tigress
ти́х‖ий, -ая, -ое, -ие soft, low
ти́хо adv. softly, in a low voice, it is calm
ти́ше softer, more softly, lower
ткачи́ха f weaver (f)
то n dem. pron. that
това́р m goods, merchandise
това́рищ m comrade
тогда́ adv. then
то́же adv. also, too
то́лько adv. only
том m (pl. -а́, gen. pl. -о́в) volume
тот, та, то, те dem. pron. that, those

трава́ f (pl. тра́вы) grass
тра́нспорт m transport(s)
тре́тий, тре́ть‖я, -е, -и num. 3rd
три num. three
три́дцать num. thirty
трина́дцать num. thirteen
три́ста num. three hundred
труд m (gen. -á, pl. -ы́) work
тру́дн‖ый, -ая, -ое, -ые difficult
туда́ adv. there, thither
тури́ст m tourist
тут adv. here
ту́фли pl. (sing. ту́фля, gen. pl. ту́фель) shoes
ты pers. pron. you (sing.), thou
ты́ква f pumpkin
ты́сяча f thousand

У у

у prep. (+ gen.) at, by
убира́ть I (убира́‖ю, -ешь) to gather; ~ урожа́й to gather in the harvest
уважа́ть I (уважа́‖ю, -ешь) to respect
уви́деть II p (fut. уви́жу, уви́дишь) to see
у́голь m (gen. у́гля) coal
удо́бно adv. quite easily, comfortably; it is comfortable
удово́льствие n pleasure
уже́ adv. already
у́жин m supper
у́жинать I (у́жинаю, -ешь) to have supper
узна́ть I p (fut. узна́‖ю, -ешь) to know, to learn
у́лица f street
уме́ть I (уме́‖ю, -ешь) to know, to be able
у́мн‖ый, -ая, -ое, -ые clever
умыва́ть I (умыва́‖ю, -ешь) to wash (someone)
умыва́ться I (умыва́‖юсь, -ешься) to wash (oneself)
университе́т m university
управле́ние n government, administration
управля́ть I (управля́‖ю, -ешь) (+ instr.) to govern, to direct
упражне́ние n exercise

урожа́й m harvest, crop
уро́к m lesson, task, home work; идёт ~ there is a lesson
усе́рдно with great zeal, zealously
услы́шать II p (fut. услы́шу, услы́шишь) to hear
успе́х success, progress; де́лать успе́хи to make progress
уста́ть I p (fut. уста́н‖у, -ешь) to be (get) tired
устра́иваться I (устра́ивается) to be organized
устреми́ться II p (fut. устремлю́сь, устреми́шься) to rush off, to dash off
устремля́ться I (устремля́‖юсь, -ешься) to rush off, to dash off
у́тро n morning
у́тром adv. in the morning
уча́ствовать I (уча́ству‖ю, -ешь) to participate
уча́сток m (gen. уча́стка, pl. уча́стки) lot, parcel
уче́бник m textbook
учени́к m (gen. -á, pl. -и́) pupil
учёный m (pl. -ые) scientist
учи́тель m, f teacher
учи́тельница f teacher
учи́ть II (учу́, у́чишь) to teach; to study, to learn

Ф ф

фа́брика f factory
фа́за f phase
фами́лия f family name, surname; как ва́ша фами́лия? what is your family name?
февра́ль m February
фе́рма f farm
физкульту́рный зал gymnasium
фильм m film
флот m fleet, navy
фонта́н m fountain
фо́рма f form
форт m fort
фотогра́фия f (pl. -ии) photograph
фра́за f sentence, phrase
фру́кты pl. (sing. фрукт) fruit
фунт m pound
футбо́л m football
футля́р m case

X x

хлеб *m* bread; (*pl.* -á) corn
хлопок *m* cotton
ходи́ть II (хожу́, хо́дишь) to go, to walk; ~ в похо́ды to go hiking
хозя́йничать I (хозя́йнича||ю, -ешь) to be a hostess
хо́лод *m* (*pl.* -á) cold
хо́лодно it is cold
хор *m* choir, chorus
хоро́ш||ий, -ая, -ее, -ие good
хорошо́ *adj.* it is nice; *adv.* well, nicely, good
хоте́ть *irr.* (хочу́, хо́чешь... хоти́м...) to want
ху́же *adj.*, *adv.* worse

Ц ц

цвето́к *m* (*gen.* цветка́, *pl.* цветы́) flower
це́л||ый, -ая, -ое, -ые whole
центр *m* centre
цех *m* shop (at a plant)
цирк *m* circus
ци́фра *f* figure
цыга́н *m* (*pl.* -е) Gipsy

Ч ч

чай *m* tea
ча́йка *f* sea-gull
ча́йник *m* kettle
час *m* (*pl.* -ы́) hour
ча́сто *adv.* often
ча́ст||ый, -ая, -ое, -ые 1. thick; 2. frequent
часть *f* part
часы́ *pl.* (*no sing.*) watch, clock
ча́шка *f* (*gen. pl.* ча́шек) cup
чей, чья, чьё, чьи *interr. pron.* whose
челове́к *m* (*pl.* лю́ди, *gen. pl.* челове́к, люде́й) man, person
чем *conj.* than
че́рез *prep.* (+ *acc.*) through, across, via (*place*); in (*time*)
четве́рг *m* Thursday
четвёрт||ый, -ая, -ое, -ые *num.* 4th
четы́ре *num.* four
четы́реста *num.* four hundred
четы́рнадцать *num.* fourteen
чёрн||ый, -ая, -ое, -ые black
число́ *n* (*pl.* чи́сла, *gen. pl.* чи́сел) number, date
чита́льня reading-room
чита́ть I (чита́||ю, -ешь) to read
что *interr. pron.* what; ~ же! well; ~ э́то? what is this?
что *conj.* that
чу́вствовать (себя́) to feel
чугу́н *m* (*gen.* -á) pig-iron
чуде́сн||ый, -ая, -ое, -ые wonderful
чьё, чьи, чья *see* чей

Ш ш

ша́хта *f* pit, mine
шахтёр *m* miner
шестна́дцать *num.* sixteen
шесть *num.* six
шестьдеся́т *num.* sixty
шестьсо́т *num.* six hundred
широ́к||ий, -ая, -ое, -ие wide
широко́ *adv.* widely
шкаф *m* (*pl.* -ы́) cupboard
шко́ла *f* school
шко́льник *m* schoolboy
шля́па *f* hat
шум *m* noise
шуме́ть II (шумлю́, шуми́шь) to make a noise
шути́ть II (шучу́, шу́тишь) to joke
шить I (шью, шьёшь) to sew

Щ щ

щебета́ть I (щебе́чет) to twitter, to chirp
ще́пка I (*gen. pl.* щепок) splinter (of wood)
щётка *f* (*gen. pl.* щёток) brush
щи *pl.* cabbage soup

Э э

экра́н *m* screen
экску́рсия *f* excursion
э́тот, э́та, э́то, э́ти *dem. pron.* this, these; э́то this is

Ю ю

юг *m* south
ю́ность *f* youth
ю́ноша *m* (*gen. pl.* ю́ношей) boy, youth

Я я

я *pers. pron.* I
я́блоко *n* (*pl.* -и) apple
я́года *f* berry
язы́к *m* (*gen.* -á, *pl.* -и́) language, tongue

яи́чница *f* fried eggs
яйцо́ *n* (*pl.* я́йца, *gen. pl.* яи́ц) egg
яку́т *m* Yakut
янва́рь *m* (*gen.* -я́) January
япо́нец *m* (*gen.* япо́нца, *pl.* япо́нцы) a Japanese (*man*)
япо́нка *f* (*gen. pl.* япо́нок) a Japanese (*woman*)
я́рко *adv.* brightly
я́рк‖ий, -ая, -ое, -ие bright
я́сно *adv.* clear(ly), it is clear
я́сн‖ый, -ая, -ое, -ые clear

www.ingramcontent.com/pod-product-compliance
Lightning Source LLC
Chambersburg PA
CBHW010741170426
43193CB00018BA/2912